mini-**grammaire**

Einblicke in die Grammatik der französischen Sprache

Impressum

Autorinnen
Gwendoline Lovey (PH FHNW),
Barbara Grossenbacher (PH FHNW)

Mitentwicklung
Simone Ganguillet

Rechteabklärungen
Michelle Harnisch, Katja Iten

Realisation
Daniela Frey, Sandro Steffen (Produktion);
Dagmar Bärenwalde, Andrea Brügger,
Petra Locher, Michael Wirth (Multimedia | ICT)

Audio
ZB Ton, 3274 Merzlingen

Gestaltung
raschle & partner
Atelier für Gestaltung und Kommunikation GmbH
www.raschlepartner.ch

Das Werk und seine Teile sind urheberrechtlich geschützt.
Jede Verwertung in anderen als den gesetzlich zugelassenen
Fällen bedarf der vorherigen schriftlichen Einwilligung des
Verlages.

© 2015 Schulverlag plus AG
2. unveränderte Auflage 2016

Art.-Nr. 87477

Erklärung der Symbole

▶ Text oder Chanson zum Hören
 Verweis zu anderer Seite
 Vergleich Deutsch–Französisch

 Wendungen aus dem Alltagswortschatz
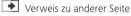 Viele Sprachen – viele Möglichkeiten
 Zusatzinformation

 Lernprogramm

Vorwort für Schülerinnen und Schüler

Wie du die «mini-grammaire» nutzen kannst:

Die «mini-grammaire» umfasst die wesentlichen Regeln der französischen Sprache. Wenn du über ein bestimmtes grammatikalisches Thema Bescheid wissen möchtest, kannst du dir auf der entsprechenden Seite einen Überblick verschaffen. Diese findest du, indem du entweder im Register nach einem Stichwort suchst oder das grammatikalische Thema im Inhaltsverzeichnis ausfindig machst. Pfeile am Seitenrand zeigen dir an, wo du zu weiteren Informationen kommst.

Was du auf einer Grammatikseite der «mini-grammaire» findest:

Die Grammatikseiten sind alle gleich aufgebaut. Die einzelnen Bestandteile sind auf Seite 5 beschrieben. Das Besondere an dieser Grammatik ist, dass du für jedes Grammatikthema einen Auszug aus einem Text oder einem Chanson vorfindest, in dem das entsprechende Phänomen vorkommt. Es ist immer gelb markiert. Diese Ausschnitte stehen vertont auf der beiliegenden Multimedia-CD zur Verfügung. Beim Lesen und Hören merkst du vielleicht, was du davon bereits kennst.

Auf der Multimedia-CD findest du auch eine Sammlung an geläufigen Ausdrücken aus dem Alltagswortschatz, in denen die grammatikalische Gegebenheit vorkommt. Die Wendungen können dir helfen, dich leichter an die verschiedenen sprachlichen Formen zu erinnern.

Für einige Grammatikthemen stehen dir zudem Lernprogramme zur Verfügung, die aus «Mille feuilles» oder «Clin d'œil» stammen.

Die Abschnitte oder Seiten, die mit einem markiert sind, weisen auf Unterschiede zwischen der deutschen und der französischen Sprache hin.

Wie du in der «mini-grammaire» verschiedene Sprachen miteinander vergleichst:

Zusätzlich zu den französischen Grammatikseiten gibt es einzelne Seiten mit anderen Sprachen. Du erkennst sie am Symbol und an ihrem Titel:

> 🌍 **Viele Sprachen – viele Möglichkeiten**

Auf diesen Seiten kannst du entdecken, wie eine bestimmte sprachliche Erscheinung in anderen Sprachen funktioniert. Um deine Antworten auf die Fragen dieser Seiten zu überprüfen, findest du Angaben auf den Seiten 100 bis 110.

Informationen für Lehrpersonen und Eltern

Die «mini-grammaire» wurde für Kinder und Jugendliche entwickelt, die mehr über die Grammatik der französischen Sprache erfahren wollen. Für die Auswahl der Grammatikthemen und das Festlegen ihres Vertiefungsgrades diente das «Référéntiel» des Lehrplans «Passepartout». Referenz für die «mini-grammaire» ist das Grundlagenwerk der französischen Grammatik «Le bon usage» von Maurice Grevisse resp. «Le Petit Grevisse». Die grammatikalischen Begriffe decken sich mit der Terminologie des «Référéntiel» sowie mit der Projektversion des Lehrplans 21 (Schulsprache).

Am Anfang jedes Kapitels steht ein authentisches Spracherzeugnis, in dem das Phänomen, auf das fokussiert wird, farblich hervorgehoben ist. Als Quelle dienen Chansons und Auszüge aus der Kinder- und Jugendliteratur aus dem frankophonen Raum. Auf der beiliegenden Multimedia-CD lassen sich die vertonten Ausschnitte abspielen. Beim Lesen und Hören der Auszüge erfahren die Schülerinnen und Schüler die Grammatik in einem sprachlichen Kontext.

Zu vielen Grammatikthemen finden sich auf der Multimedia-CD geläufige Wendungen aus dem Alltagswortschatz. Zudem stehen Lernprogramme zu ausgewählten Kapiteln zur Verfügung. Diese bieten die Möglichkeit, bestimmte sprachliche Regelmässigkeiten einzuüben oder das eigene Wissen zu überprüfen.

Einzelne Seiten weisen über das Französische hinaus, indem sie zeigen, wie sich gewisse sprachliche Gegebenheiten in anderen Sprachen äussern. Die kurzen Begleittexte beinhalten Fragen und Informationen und leiten die Schülerinnen und Schüler zum Entdecken, Vergleichen und Hypothesenbilden an.

Gwendoline Lovey (PH FHNW) und Barbara Grossenbacher (PH FHNW)

Zum Aufbau der Grammatikseiten

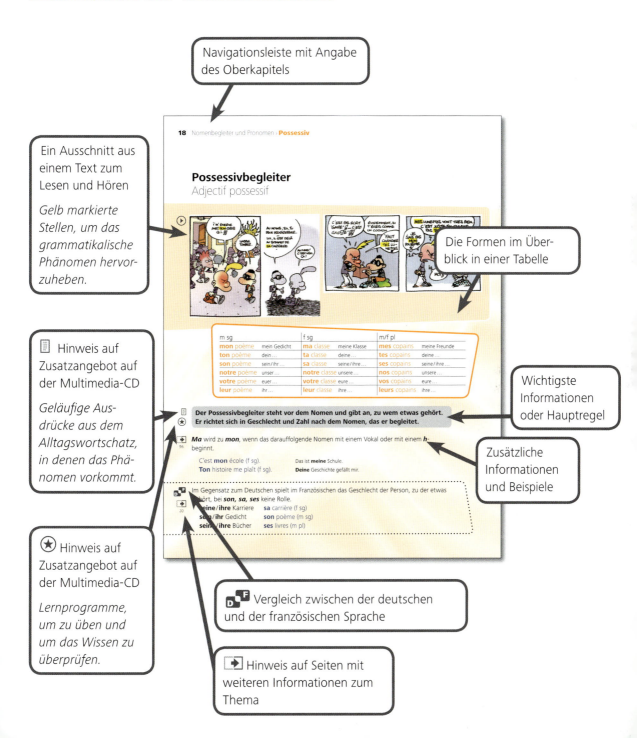

Inhaltsverzeichnis

Nomen
- Geschlecht 8
- Zahl 9

Nomenbegleiter und Pronomen

Artikel
- Unbestimmter Artikel 10
- Bestimmter Artikel 11
- Verschmelzung des bestimmten Artikels mit *à* oder *de* 12
- 🌐 Viele Sprachen – viele Möglichkeiten: Nomen 13
- Teilungsartikel 14
- *De partitif* 15

Demonstrativ
- Demonstrativbegleiter 16
- Demonstrativpronomen 17

Possessiv
- Possessivbegleiter 18
- Possessivpronomen 19
- *Son, sa, ses, le sien, la sienne, les siens, les siennes* 20
- 🌐 Viele Sprachen – viele Möglichkeiten: Zugehörigkeit 21

Interrogativ
- Interrogativbegleiter 22
- Interrogativpronomen 23

Indefinit
- Indefinitbegleiter 24
- Indefinitpronomen 25
- *Tout le, toute la, tous les, toutes les* 26
- *Tout, tous, toutes* 27

Relativ
- Relativpronomen 28
- *Ce qui* und *ce que* 29

Die Pronomen *en* und *y*
- Das Pronomen *en* 30
- Das Pronomen *y* 31

Personalpronomen
- Starke Formen 32
- Schwache Formen – Subjekt 33
- Schwache Formen – COD 34
- Schwache Formen – COI 35
- Stellung der Personalpronomen 36
- 🌐 Viele Sprachen – viele Möglichkeiten: Personalpronomen 37

Adjektiv

Anpassung
- Grundregel der Anpassung 38
- Sonderfälle der Anpassung: m f 39
- Sonderfälle der Anpassung: m pl 40
- Spezialfälle der Anpassung 41

Komparativ 42

Superlativ 43

Adverb
- Adverb 44
- Adverb und Adjektiv 45

Präpositionen
- Präpositionen 46
- Verwendung bestimmter Präpositionen 47

Zahlen
- Grundzahlen 48
- Ordnungszahlen 49
- 🌐 Viele Sprachen – viele Möglichkeiten: Zahlen 50

Verb

Zeitstrahl 52
  🌐 Viele Sprachen – viele Möglichkeiten:
  Zeiten 54
Konjugationsarten 55
Zeitformen für die Gegenwart 56
  Präsens: Verben auf *-er* 57
  Präsens: Verben auf *-ir* 58
  Präsens: Verben auf *-re* 59
  Präsens: Verben auf *-oir* 60
  Präsens: unregelmässige Verben *être,*
  avoir und *aller* 61
  Präsens: Reflexive Verben 62
  🔊 *Présent progressif* 63
  🔊 *Participe présent* und *gérondif* 64
Zeitformen für die Vergangenheit 65
  Partizip Perfekt 66
  Perfekt 68
  Plusquamperfekt 69
  Präteritum 70
  🔊 Verwendung von *passé composé* und
  imparfait 71
  🔊 *Passé récent* und *passé simple* 72
Zeitformen für die Zukunft 73
  Futur 74
  🔊 *Futur composé* 75
Aussageweisen
  Conditionnel 76
  🔊 *Subjonctif* 78
  Imperativ 80
Handlungsrichtung
  Aktiv und Passiv 81

Satz

Satzglieder
  Sujet, complément d'objet direct (COD) und
  complément d'objet indirect (COI) 82
Satzbau
  🌐 Viele Sprachen – viele Möglichkeiten:
  Satzbau 83
  Haupt- und Nebensatz 84
  Konjunktionen 85
Negation
  Verneinung 86
  🌐 Viele Sprachen – viele Möglichkeiten:
  Verneinung 87
Fragen
  Frageformen 88
  Fragewörter 89
  🔊 *Qu'est-ce que…?* und *Qu'est-ce qui…?* 90
  🔊 *C'est… qui* und *c'est… que* 91
Indirekte Aussage 92

Aussprache und Orthografie
  🌐 Viele Sprachen – viele Möglichkeiten:
  Schriftzeichen 93
  🌐 Viele Sprachen – viele Möglichkeiten:
  Lateinisches Alphabet 94
  Aussprache und Orthografie 96
  🌐 Viele Sprachen – viele Möglichkeiten:
  Laute 98

🌐 **Angaben zu «Viele Sprachen –
viele Möglichkeiten»** 100

Register 111

Bild- und Quellennachweis 119

Nomen: Geschlecht
Noms: Genre

un **ami** (**m** sg)	une **amie** (**f** sg)
ein Freund	eine Freundin
des **amis** (**m** pl)	des **amies** (**f** pl)
Freunde	Freundinnen

Französische Nomen sind entweder maskulin (m) oder feminin (f).

In der Regel sind Nomen, die männliche Personen bezeichnen, maskulin und Nomen, die weibliche Personen bezeichnen, feminin. Nomen, die Tiere oder Sachen bezeichnen, sind entweder maskulin oder feminin. Man erkennt das Geschlecht eines Nomens am Begleiter.

10, 11

Die feminine Form der Nomen ergänzt man oft durch ein **-e**. Manchmal verändert sich dadurch die Aussprache.

| un ami (**m**), une ami**e** (**f**) | ein Freund, eine Freundin |
| un Français (**m**), une Français**e** (**f**) | ein Franzose, eine Französin |

Es gibt weitere typisch maskuline und typisch feminine Endungen.

39

le premi**er** (**m**), la premi**ère** (**f**)	der Erste, die Erste
le maît**re** (**m**), la maît**resse** (**f**)	der Lehrer, die Lehrerin
le chant**eur** (**m**), la chant**euse** (**f**)	der Sänger, die Sängerin
un Itali**en** (**m**), une Itali**enne** (**f**)	ein Italiener, eine Italienerin
un ac**teur** (**m**), une ac**trice** (**f**)	ein Schauspieler, eine Schauspielerin

Das Geschlecht ist im Französischen und im Deutschen manchmal unterschiedlich. Dies kann auch bei Parallelwörtern der Fall sein.

die CD	**le** CD	**die** Rolle	**le** rôle
die Schokolade	**le** chocolat	**der** Tanz	**la** danse
die Gruppe	**le** groupe	**der** Planet	**la** planète
die Nummer	**le** numéro	**der** Platz	**la** place

Nomen: Zahl
Noms: Nombre

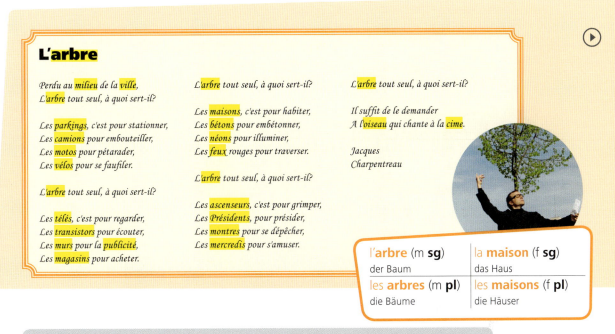

L'arbre

Perdu au milieu de la ville,
L'arbre tout seul, à quoi sert-il?

Les parkings, c'est pour stationner,
Les camions pour embouteiller,
Les motos pour pétarader,
Les vélos pour se faufiler.

L'arbre tout seul, à quoi sert-il?

Les télés, c'est pour regarder,
Les transistors pour écouter,
Les murs pour la publicité,
Les magasins pour acheter.

L'arbre tout seul, à quoi sert-il?

Les maisons, c'est pour habiter,
Les bétons pour embétonner,
Les néons pour illuminer,
Les feux rouges pour traverser.

L'arbre tout seul, à quoi sert-il?

Les ascenseurs, c'est pour grimper,
Les Présidents, pour présider,
Les montres pour se dépêcher,
Les mercredis pour s'amuser.

L'arbre tout seul, à quoi sert-il?

Il suffit de le demander
A l'oiseau qui chante à la cime.

Jacques Charpentreau

l'**arbre** (m **sg**)	la **maison** (f **sg**)
der Baum	das Haus
les **arbres** (m **pl**)	les **maisons** (f **pl**)
die Bäume	die Häuser

Französische Nomen stehen entweder im Singular (sg) oder im Plural (pl). Im Plural erhalten die Nomen in der Regel ein -s, das man nicht hört.

Nomen auf **-s**, **-x** oder **-z** sind im Singular und im Plural gleich.
le pay**s** (**sg**), les pay**s** (**pl**)   das Land, die Länder
le ne**z** (**sg**), les ne**z** (**pl**)   die Nase, die Nasen
la voi**x** (**sg**), les voi**x** (**pl**)   die Stimme, die Stimmen

40

Nomen, die im Singular auf **-eu** oder **-(e)au** enden, erhalten im Plural ein **-x**.
le j**eu** (**sg**), les j**eux** (**pl**)   das Spiel, die Spiele
l'ois**eau** (**sg**), les ois**eaux** (**pl**)   der Vogel, die Vögel

Bei vielen Nomen auf **-al** oder **-ail** ist die Pluralendung **-aux**.
l'anim**al** (**sg**), les anim**aux** (**pl**)   das Tier, die Tiere
le trav**ail** (**sg**), les trav**aux** (**pl**)   die Arbeit, die Arbeiten

Es gibt Nomen, die man im Deutschen im Singular und im Französischen im Plural verwendet.
die Brille (**sg**)   les lunettes (**pl**)
die Schere (**sg**)   les ciseaux (**pl**)

Unbestimmter Artikel
Article indéfini

un mot (m sg)	une collection (f sg)
ein Wort	eine Sammlung
des mots (m pl)	des collections (f pl)
Wörter	Sammlungen

Der unbestimmte Artikel steht vor dem Nomen und bezeichnet irgendeine, (noch) nicht bestimmte Person oder Sache.

Im Singular ist die maskuline Form *un*, die feminine Form *une*. Im Plural ist der unbestimmte Artikel immer *des*.

Das Deutsche kennt keinen unbestimmten Artikel im Plural.
    _ Wörter, _ Sammlungen   des mots, des collections

Es gibt feste Wendungen, bei denen man das Nomen sowohl im Deutschen als auch im Französischen ohne Artikel braucht.
Ich habe Hunger.	J'ai faim.	Ich habe Unrecht.	J'ai tort.
Ich habe Durst.	J'ai soif.	Ich habe Recht.	J'ai raison.
Ich habe Angst.	J'ai peur.	Ich habe Lust (zu spielen).	J'ai envie (de jouer).

Bestimmter Artikel
Article défini

le monstre (m sg)	**la** lettre (f sg)
das Monster	der Buchstabe
les monstres (m pl)	**les** lettres (f pl)
die Monster	die Buchstaben

Der bestimmte Artikel steht vor dem Nomen und bezeichnet eine bestimmte Person oder Sache.

Im Singular ist die maskuline Form *le*, die feminine Form *la*. Im Plural ist der bestimmte Artikel immer *les*.

Le oder *la* werden zu *l'*, wenn das darauffolgende Nomen mit einem Vokal oder mit einem *h*- beginnt.

*l'*alphabet (m sg)   **das** Alphabet
*l'*histoire (f sg)   **die** Geschichte

Im Französischen steht nach bestimmten Verben, bei persönlichen Merkmalen und vor Bezeichnungen für Länder und Kontinente der bestimmte Artikel. Im Deutschen hingegen oft nicht.

aimer, adorer, préférer, détester…   Sie liebt _ Tiere.   Elle aime **les** animaux.
    Ich hasse _ Katzen.   Je déteste **les** chats.

Persönliche Merkmale   Er hat _ blonde Haare.   Il a **les** cheveux blonds.
    Sie hat _ blaue Augen.   Elle a **les** yeux bleus.

Länder, Kontinente   Es lebe _ Frankreich!   Vive **la** France!
    Das ist _ Europa.   C'est **l'**Europe.

Verschmelzung des bestimmten Artikels mit *à* oder *de*
Fusion de l'article défini avec à ou de

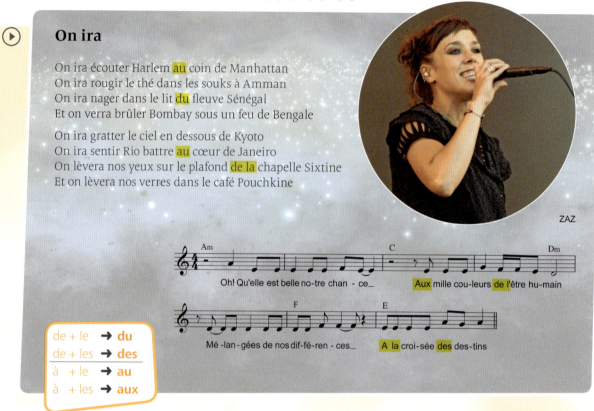

On ira

On ira écouter Harlem au coin de Manhattan
On ira rougir le thé dans les souks à Amman
On ira nager dans le lit du fleuve Sénégal
Et on verra brûler Bombay sous un feu de Bengale

On ira gratter le ciel en dessous de Kyoto
On ira sentir Rio battre au cœur de Janeiro
On lèvera nos yeux sur le plafond de la chapelle Sixtine
Et on lèvera nos verres dans le café Pouchkine

Oh! Qu'elle est belle notre chance   Aux mille couleurs de l'être humain
Mélangées de nos différences   A la croisée des destins

ZAZ

de + le	→	**du**
de + les	→	**des**
à + le	→	**au**
à + les	→	**aux**

Die Präpositionen *à* und *de* verschmelzen mit den bestimmten Artikeln *le* und *les* zu neuen Formen.

» *de* und *le* verschmelzen zu *du*
» *à* und *le* verschmelzen zu *au*
» *de* und *les* verschmelzen zu *des*
» *à* und *les* verschmelzen zu *aux*

Bei *la* und *l'* findet keine Verschmelzung statt.

Die gleiche Verschmelzung findet auch statt, wenn *de* oder *à* vor einem Interrogativpronomen oder einem Relativpronomen steht.

Il pense au livre. **Auquel**?   Er denkt an das Buch. **An welches**?

Nomenbegleiter und Pronomen › **Artikel**

Viele Sprachen – viele Möglichkeiten: Nomen

In den verschiedenen Sprachen drückt man die Informationen zu einem Nomen unterschiedlich aus.

Singular

Deutsch	die Maus	der Hund	das Pferd	die Kuh
Français Französisch	la souris	le chien	le cheval	la vache
English Englisch	the mouse	the dog	the horse	the cow
Italiano Italienisch	il topo	il cane	il cavallo	la mucca
Español Spanisch	el ratón	el perro	el caballo	la vaca
Português Portugiesisch	o rato	o cão	o cavalo	a vaca
Shqip Albanisch	miu	qeni	kali	lopa
Türkçe Türkisch	fare	köpek	at	inek
српски Serbisch Srpski	миш miš	кер ker	коњ konj	крава krava

Kein Artikel

In einigen Sprachen sind die Informationen zu Geschlecht und Zahl im Nomen enthalten. Sie haben keinen Artikel.

Welche Sprachen funktionieren so?

Geschlecht

Im Serbischen und im Albanischen gibt es wie im Deutschen drei verschiedene Geschlechter (*der, die, das*).

Wie viele sind es in den anderen Sprachen?

Plural

Deutsch	die Mäuse	die Hunde	die Pferde	die Kühe
Français Französisch	les souris	les chiens	les chevaux	les vaches
English Englisch	the mice	the dogs	the horses	the cows
Italiano Italienisch	i topi	i cani	i cavalli	le mucche
Español Spanisch	los ratones	los perros	los caballos	las vacas
Português Portugiesisch	os ratos	os cães	os cavalos	as vacas
Shqip Albanisch	minjtë	qentë	kuajt	lopët
Türkçe Türkisch	fareler	köpekler	atlar	inekler
српски Serbisch Srpski	мишеви miševi	керови kerovi	коњи konji	краве krave

Endungen von Nomen

Wie enden die meisten maskulinen und femininen Nomen im Italienischen, im Spanischen und im Portugiesischen?

Plural

Den Plural drückt man in Französisch, Englisch, Spanisch und Portugiesisch oft durch die Endung *-s* am Nomen aus.

Was kannst du über den Plural in anderen Sprachen herausfinden?

Teilungsartikel
Article partitif

La musique peut tout changer
Collège Colette de Sartrouville – M. Bertram

On arrivait tous des quatre coins du monde
On s'était tous retrouvés par hasard
On s'était tous dit que ce serait de la bombe
Même si c'était pas gagné au départ
Chacun avait son look et son histoire
Sa propre manière pour chanter
On était tous un peu dans le brouillard
On ne savait pas où on allait
…

Diouell voulait du hip-hop
Et Jason de la salsa
Laetitia voulait chanter du zouk
Et Tracy du ragga
Pas facile de trouver un chemin commun
Quand ça part dans tous les sens
Faut que chacun y mette du sien
On avance
…

du sport (m sg)	**de la** musique (f sg)
Sport	Musik
des fruits (m pl)	**des** fleurs (f pl)
Obst	Blumen

Im Deutschen gibt man unbestimmte Mengen ohne Artikel an. Im Französischen gibt es dafür den Teilungsartikel. In der Regel handelt es sich dabei um Mengenangaben für Lebensmittel (Fleisch, Gemüse…), Materialien (Holz, Stoff…), Tätigkeiten (Sport, Musik…) oder abstrakte Begriffe (Mut, Glück…).

Der Teilungsartikel setzt sich aus **de** und dem bestimmten Artikel zusammen.
de + le → **du**: **de** und **le** verschmelzen zu **du**
de + les → **des**: **de** und **les** verschmelzen zu **des**

Dioulle voulait **du** hip-hop et Jason **de la** salsa.   Dioulle wollte _ Hip-Hop und Jason _ Salsa.

F De partitif

Le scorpion pas compliqué

Le scorpion, comme **beaucoup d'autres** insectes, n'a pas un sommeil complexe. Il reste immobile, sa température interne diminue et il repose sa tête à plat sur le sol. Mais **pas de** rêves pour Monsieur scorpion !

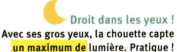

Droit dans les yeux !
Avec ses gros yeux, la chouette capte **un maximum de** lumière. Pratique !

Se nourrir
Beaucoup de petits animaux sans défense comme les musaraignes et les souris sortent uniquement la nuit pour échapper à leurs **prédateurs***. Le singe-hibou, lui, attend l'obscurité pour manger les fruits que d'autres singes, plus grands et plus forts, lui interdisent d'approcher le jour.

Im Deutschen steht nach Mengen- und Massangaben kein Artikel. Im Französischen gibt es dafür das *de partitif*.

Eine Menge oder ein Mass kann man durch Adverbien oder ein Nomen angeben. Auch nach einer Verneinung (Angabe einer Nullmenge) steht das *de partitif*.

Adverbien		Nomen		Negation	
un peu **de** sel	ein wenig Salz	un morceau **de** chocolat	ein Stück Schokolade	(ne…) pas **de** rêves	keine Träume
beaucoup **de**…	viel…	une cuillère **de**…	ein Löffel…	(ne…) jamais **de**…	nie…
trop **de**…	zu viel…	une boîte **de**…	eine Schachtel…	(ne…) plus **de**…	kein… mehr
assez **de**…	genug…	un verre **de**…	ein Glas…	…	
…		…			

Le scorpion ne fait pas **de** rêves. Der Skorpion hat keine _ Träume.
un maximum **de** lumière ein Maximum an _ Licht

De wird zu **d'**, wenn das darauffolgende Nomen mit einem Vokal oder mit einem **h-** beginnt.

Beaucoup **d'**animaux sortent la nuit. Viele Tiere sind nachtaktiv.

Demonstrativbegleiter
Adjectif démonstratif

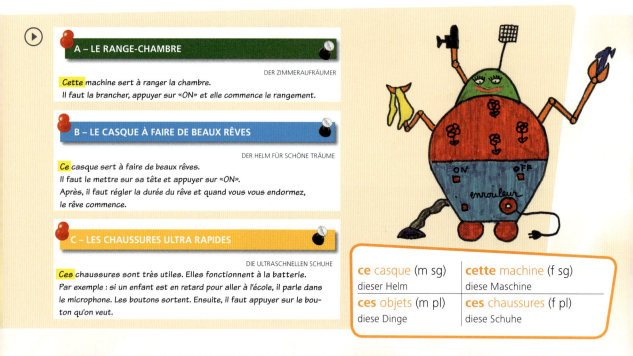

A – LE RANGE-CHAMBRE

DER ZIMMERAUFRÄUMER

Cette machine sert à ranger la chambre.
Il faut la brancher, appuyer sur «ON» et elle commence le rangement.

B – LE CASQUE À FAIRE DE BEAUX RÊVES

DER HELM FÜR SCHÖNE TRÄUME

Ce casque sert à faire de beaux rêves.
Il faut le mettre sur sa tête et appuyer sur «ON».
Après, il faut régler la durée du rêve et quand vous vous endormez,
le rêve commence.

C – LES CHAUSSURES ULTRA RAPIDES

DIE ULTRASCHNELLEN SCHUHE

Ces chaussures sont très utiles. Elles fonctionnent à la batterie.
Par exemple : si un enfant est en retard pour aller à l'école, il parle dans le microphone. Les boutons sortent. Ensuite, il faut appuyer sur le bouton qu'on veut.

ce casque (m sg)	**cette** machine (f sg)
dieser Helm	diese Maschine
ces objets (m pl)	**ces** chaussures (f pl)
diese Dinge	diese Schuhe

Der Demonstrativbegleiter steht vor dem Nomen und hebt eine bestimmte Person oder Sache hervor. Er richtet sich in Geschlecht und Zahl nach dem Nomen, das er begleitet.
Im Singular ist die maskuline Form *ce* und die feminine Form *cette*.
Im Plural lautet der Demonstrativbegleiter immer *ces*.

Ce wird zu **cet**, wenn das darauffolgende Nomen mit einem Vokal oder mit einem **h**- beginnt.
    Cet appareil est très utile.   **Dieser** Apparat ist sehr nützlich.

Um das Nomen noch stärker hervorzuheben, kann man den Demonstrativbegleiter mit *-ci* oder *-là* ergänzen.
    Ce casque-**là** est extraordinaire.   **Dieser** Helm (da) ist aussergewöhnlich.

Für Angaben zur Tageszeit verwendet man im Deutschen «heute» und im Französischen den Demonstrativbegleiter.
    Kommst du **heute Abend**?   Tu viens **ce soir**?
    Ich werde es **heute Nachmittag** erledigen.   Je le ferai **cet après-midi**.

Demonstrativpronomen
Pronom démonstratif

Le soleil
Quand le Soleil éclaire la Terre, **celle-ci** projette son ombre dans l'espace.

La paille
L'Américain Marvin Chester Stone invente la première paille artificielle pour boire. Elle est confectionnée en papier. **Celui-ci** est roulé à la main et recouvert de paraffine. Cette paille est très solide.

Celui qui touche le mur le premier a gagné

celui… (m sg)	celle… (f sg)	ce…
dieser	diese	dies
ceux… (m pl)	celles… (f pl)	
diese	diese	

Das Demonstrativpronomen ersetzt ein Nomen und hebt es besonders hervor. Es ist veränderlich und richtet sich in Geschlecht und Zahl nach dem Nomen, das es vertritt.

Die Demonstrativpronomen *celui, celle, ce, ceux* **oder** *celles* **stehen selten allein. Man ergänzt sie mit** *-ci, -là* **oder** *de, qui, que.*

La paille est confectionnée en papier (m sg). **Celui-ci** est roulé à la main.
Der Strohhalm ist aus Papier angefertigt. **Dieses** wird von Hand gerollt.

A qui sont ces feuilles (f pl)? Ce sont **celles de** Marion.
Wem gehören diese Blätter? Das sind **diejenigen von** Marion.

Celui qui touche le mur le premier a gagné. **Ceux que** je vois ont perdu.
Derjenige, der die Wand als Erster berührt, hat gewonnen. Diejenigen, die ich sehe, haben verloren.

Ce ist unpersönlich und wird oft in Kombination mit *être* verwendet. Vor *est* wird *ce* zu *c'*.

C'est un jeu.   **Dies** ist ein Spiel. / **Das** ist ein Spiel.
Ce sont des enfants.   **Das** sind Kinder. / **Dies** sind Kinder.

Ceci und **cela** bedeuten «es», «das da» oder «das dort». **Cela** verwendet man vor allem in der mündlichen Sprache häufig in der zusammengezogenen Form **ça**.

Ça va?   Wie geht**'s**?
C'est **ça**.   **Das** ist **es**. / So ist **es**.

Possessivbegleiter
Adjectif possessif

m sg		f sg		m/f pl	
mon poème	mein Gedicht	**ma** classe	meine Klasse	**mes** copains	meine Freunde
ton poème	dein …	**ta** classe	deine …	**tes** copains	deine …
son poème	sein/ihr …	**sa** classe	seine/ihre …	**ses** copains	seine/ihre …
notre poème	unser …	**notre** classe	unsere …	**nos** copains	unsere …
votre poème	euer …	**votre** classe	eure …	**vos** copains	eure …
leur poème	ihr …	**leur** classe	ihre …	**leurs** copains	ihre …

Der Possessivbegleiter steht vor dem Nomen und gibt an, zu wem etwas gehört. Er richtet sich in Geschlecht und Zahl nach dem Nomen, das er begleitet.

Ma wird zu *mon*, wenn das darauffolgende Nomen mit einem Vokal oder mit einem **h-** beginnt.

C'est **mon** école (f sg).   Das ist **meine** Schule.
Ton histoire me plaît (f sg).   **Deine** Geschichte gefällt mir.

Im Gegensatz zum Deutschen spielt im Französischen das Geschlecht der Person, zu der etwas gehört, bei **son, sa, ses** keine Rolle.

seine/ihre Karriere   **sa** carrière (f sg)
sein/ihr Gedicht   **son** poème (m sg)
seine/ihre Bücher   **ses** livres (m pl)

Possessivpronomen
Pronom possessif

	m sg	f sg	m pl	f pl
meiner/meine/meines	le mien	la mienne	les miens	les miennes
deiner/deine/deines	le tien	la tienne	les tiens	les tiennes
seiner/seine/seines/ ihrer/ihre/ihres	le sien	la sienne	les siens	les siennes
unserer/unsere/unseres	le nôtre	la nôtre	les nôtres	les nôtres
eurer/eure/eures	le vôtre	la vôtre	les vôtres	les vôtres
ihrer/ihre/ihres	le leur	la leur	les leurs	les leurs

> Das Possessivpronomen ersetzt ein Nomen und zeigt an, wem etwas gehört. Es ist veränderlich und richtet sich in Geschlecht und Zahl nach dem Nomen, das es vertritt.

Das Possessivpronomen verwendet man in der Regel mit dem bestimmten Artikel.
   C'est **notre prof** (m). C'est **le nôtre**.   Das ist **unser Lehrer**. Das ist **unserer**.
   Je veux **ta feuille** (f). Je veux **la tienne**.   Ich will **dein Blatt**. Ich will **deines**.

Wie im Deutschen kann vor dem Possessivpronomen eine Präposition stehen.
   Mon anniversaire est **après le tien** (m).   Mein Geburtstag ist **nach deinem**.
   Ton frère est en classe **avec le mien** (m).   Dein Bruder ist in der gleichen Klasse wie **meiner**.

Son, sa, ses, le sien, la sienne, les siens, les siennes

La girafe toujours debout

La girafe dort debout. En effet, la longueur de son cou et de ses pattes ainsi que son poids important l'empêchent de se relever rapidement. Trop dangereux donc, dans un milieu où les prédateurs sont nombreux.

Le scorpion pas compliqué

Le scorpion, comme beaucoup d'autres insectes, n'a pas un sommeil complexe. Il reste immobile, sa température interne diminue et il repose sa tête à plat sur le sol. Mais pas de rêves pour Monsieur scorpion !

Im Deutschen wählt man den Possessivbegleiter oder das Possessivpronomen in der 3. Person Singular nach dem Geschlecht des Besitzers oder der Besitzerin («sein-» oder «ihr-»). Im Französischen richten sich der Possessivbegleiter und das Possessivpronomen nie nach dem Geschlecht des Besitzers oder der Besitzerin, sondern ausschliesslich nach dem Besitzobjekt.

Son cou (m sg) est long.	**Sein** Hals ist lang. / **Ihr** Hals ist lang.
Sa tête (f sg) est grande.	**Sein** Kopf ist gross. / **Ihr** Kopf ist gross.
Ses pattes (f pl) sont longues.	**Seine** Beine sind lang. / **Ihre** Beine sind lang.

Die gleiche Regel gilt für das Possessivpronomen.

A qui est ce stylo (m sg)?	Wem gehört dieser Stift?
C'est **le sien** (m sg).	Das ist **seiner/ihrer**.
A qui est cette boîte (f sg)?	Wem gehört diese Schachtel?
C'est **la sienne** (f sg).	Das ist **seine/ihre**.
A qui sont ces magazines (m pl)?	Wem gehören diese Hefte?
Ce sont **les siens** (m pl).	Das sind **seine/ihre**.
A qui sont ces feuilles (f pl)?	Wem gehören diese Blätter?
Ce sont **les siennes** (f pl).	Das sind **seine/ihre**.

Nomenbegleiter und Pronomen › **Possessiv** 21

Viele Sprachen – viele Möglichkeiten: Zugehörigkeit

In den verschiedenen Sprachen drückt man den Besitz unterschiedlich aus.

Schweizer-deutsch	**my** Hamschter (m)	**myni** Geiss (f)	**sy** Hund (m)	**ire** Hund (m)
Français Französisch	**mon** hamster (m)	**ma** chèvre (f)	**son** chien (m)	**son** chien (m)
Rumantsch grischun Rätoromanisch	**mes** raspun (m)	**mia** chaura (f)	**ses** chaun (m)	**ses** chaun (m)
Italiano Italienisch	**il mio** criceto (m)	**la mia** capra (f)	**il suo** cane (m)	**il suo** cane (m)
Português Portugiesisch	**o meu** hamster (m)	**a minha** cabra (f)	o cão **dele** (m)	o cão **dela** (m)
Español Spanisch	**mi** hámster (m)	**mi** cabra (f)	**su** perro (m)	**su** perro (m)
English Englisch	**my** hamster (–)	**my** goat (–)	**his** dog (–)	**her** dog (–)
Türkçe Türkisch	hamster**im** (–)	keç**im** (–)	köpeğ**i** (–)	köpeğ**i** (–)
Shqip Albanisch	miu **im** (m)	dhija **ime** (f)	qeni **i tij** (m)	qenin **e saj** (m)
Bosanski Bosnisch	**moj** hrčak (m)	**moja** koza (f)	**njegov** ćuko (m)	**njezin** ćuko (m)
Íslenska Isländisch	hamstur**inn minn** (m)	geit**in mín** (f)	hundur**inn hans** (m)	hundur**inn hennar** (m)
Hrvatski Kroatisch	**moj** hrčak (m)	**moja** koza (f)	**njegov** pas (m)	**njezin** pas (m)
српски Serbisch Srpski	**мој** хрчак (m) moj hrčak	**моја** коза (f) moja koza	**његов** кер (m) njegov ker	**њен** кер (m) njen ker
македонски Mazedonisch Makedonski	**мојот** хрчак (m) mojot hrčak	**мојата** коза (m) mojata koza	**неговото** куче (m) negovoto kuče	**нејзиното** куче (m) nejzinoto kuče
Suomi Finnisch	**minun** hamsteri (–)	**minun** vuohi (–)	**hänen** koiransa (–)	**hänen** koiransa (–)
Norsk Norwegisch	**min** hamster (m)	**min** geit (f)	**hans** hund (m)	**hennes** hund (m)
Svensk Schwedisch	**min** hamster (m)	**min** get (f)	**hans** hund (m)	**hennes** hund (m)

> **Mon, mio, mi, my …**
>
> Der Possessivbegleiter der 1. Person Singular beginnt in vielen Sprachen mit einem **m**-.
>
> Und wie ist es in der 3. Person Singular?

> **Sy Hund / ire Hund – son chien**
>
> In einigen Sprachen unterscheiden sich die Possessivbegleiter in der 3. Person Singular, je nachdem, ob es eine Besitzerin oder ein Besitzer ist.
>
> In welchen Sprachen spielt es keine Rolle?

> **Stellung des Possessivbegleiters**
>
> Bei den meisten Sprachen steht der Begleiter vor dem Nomen. Er kann sich aber auch nach dem Nomen befinden oder darin enthalten sein.
>
> Welche Sprachen platzieren ihn nicht vor dem Nomen?

Interrogativbegleiter
Adjectif interrogatif

quel oiseau (m sg)	**quelle** fleur (f sg)
welcher Vogel	welche Blume
quels oiseaux (m pl)	**quelles** fleurs (f pl)
welche Vögel	welche Blumen

Der Interrogativbegleiter steht vor dem Nomen und gibt an, wonach gefragt wird. Er richtet sich in Geschlecht und Zahl nach dem Nomen, das er begleitet.

Der Interrogativbegleiter steht in der Regel direkt vor dem Nomen.
    Quelle fleur aimes-tu?   **Welche** Blume magst du?

Bei einer Frage mit **être** steht zwischen dem Interrogativbegleiter und dem Nomen **est** oder **sont**.
    Quels sont tes prénoms préférés?   **Welches sind** deine Lieblingsvornamen?

Wie im Deutschen kann vor dem Interrogativbegleiter eine Präposition stehen.
    Dans quelle ville est-ce que tu veux habiter?   **In welcher** Stadt willst du wohnen?

Interrogativpronomen
Pronom interrogatif

Das Interrogativpronomen verwendet man, um nach etwas zu fragen.
Es kommt in den Formen *qui*, *que*, *quoi* und *lequel*, *laquelle*, *lesquels*, *lesquelles* vor.

Qui steht für Personen («Wer …?» oder «Wen …?»). Es steht am Anfang oder am Ende eines Satzes.
    Qui est là?   **Wer** ist da?
    C'est à **qui**?   **Wer** ist dran?
Que und ***quoi*** stehen für Sachen («Was …?»). ***Que*** steht am Anfang des Satzes, ***quoi*** steht am Satzende, wenn es ohne Präposition verwendet wird.
    Que puis-je faire pour toi?   **Was** kann ich für dich tun?
    Tu fais **quoi**?   **Was** machst du?

Lequel, ***laquelle***… steht in der Regel für Sachen und richtet sich in Geschlecht und Zahl nach dem Nomen, das es vertritt.
    Toto: Ma maman m'a envoyé acheter **un poulet** (m).   Toto: Meine Mutter hat mich geschickt, **ein Poulet** zu kaufen.
    Vendeur: **Lequel** veux-tu?   Verkäufer: **Welches** willst du?
Wie im Deutschen kann vor dem Interrogativpronomen eine Präposition stehen.
    De quoi est-ce que tu parles?   **Wovon** sprichst du?

Indefinitbegleiter
Adjectif indéfini

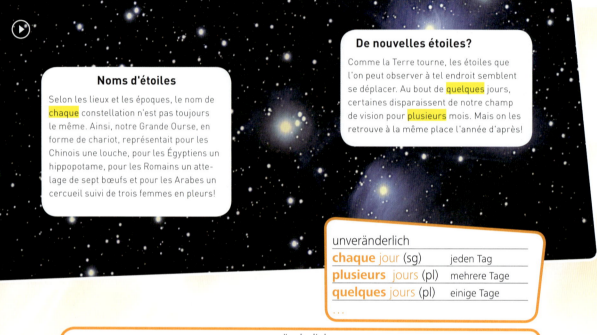

Noms d'étoiles

Selon les lieux et les époques, le nom de chaque constellation n'est pas toujours le même. Ainsi, notre Grande Ourse, en forme de chariot, représentait pour les Chinois une louche, pour les Égyptiens un hippopotame, pour les Romains un attelage de sept bœufs et pour les Arabes un cercueil suivi de trois femmes en pleurs!

De nouvelles étoiles?

Comme la Terre tourne, les étoiles que l'on peut observer à tel endroit semblent se déplacer. Au bout de quelques jours, certaines disparaissent de notre champ de vision pour plusieurs mois. Mais on les retrouve à la même place l'année d'après!

unveränderlich		
chaque jour	(sg)	jeden Tag
plusieurs jours	(pl)	mehrere Tage
quelques jours	(pl)	einige Tage
…		

veränderlich				
aucun nom (m sg)	kein Name	**aucune** idée (f sg)	keine Ahnung
pas un seul nom (m sg)	kein einziger Name	**pas une seule** idée (f sg)	keine einzige Idee
un certain nom (m sg)	ein gewisser Name	**une certaine** idée (f sg)	eine gewisse Idee
certains noms (m pl)	gewisse Namen	**certaines** idées (f pl)	gewisse Ideen
…		…	

Der Indefinitbegleiter steht vor dem Nomen und gibt eine mehr oder weniger genaue Menge oder Anzahl des Nomens an.

Manche Indefinitbegleiter sind unveränderlich, andere richten sich in Geschlecht und Zahl nach dem Nomen, das sie begleiten.

Indefinitbegleiter, die eine Verneinung anzeigen (***aucun***, ***aucune*** und ***pas un seul***, ***pas une seule***), verwendet man mit ***ne***.

    On **ne** voit **aucune** étoile.   Man sieht **keinen** Stern.
    Il **n'**y a **pas un seul** nuage.   Es hat **keine einzige** Wolke.

Indefinitpronomen
Pronom indéfini

De nouvelles étoiles?
Comme la Terre tourne, les étoiles que l'on peut observer à tel endroit semblent se déplacer. Au bout de quelques jours, certaines disparaissent de notre champ de vision pour plusieurs mois. Mais on les retrouve à la même place l'année d'après!

Vue et ouïe, au top!
Dans le noir, tu ne vois pas grand-chose! Mais certains animaux ont une vue adaptée à l'obscurité. Par exemple, la vision nocturne des chats est 6 fois meilleure que celle de l'homme. Leurs yeux ont une pupille qui peut se dilater.

Tu mémorises
Quand tu apprends quelque chose, tes réseaux de neurones se modifient. Pour maintenir ces changements, c'est-à-dire pour mémoriser, tu as besoin d'une bonne nuit de sommeil.

veränderlich

chacun (m sg)	jeder	**chacune** (f sg)	jede
aucun (m sg)	keiner	**aucune** (f sg)	keine
quelques-uns (m pl)	einige	**quelques-unes** (f pl)	einige
certains (m pl)	gewisse	**certaines** (f pl)	gewisse
tous (m pl)	alle	**toutes** (f pl)	alle
…		…	

unveränderlich

quelqu'un (sg)	jemand
personne (sg)	niemand
quelque chose (sg)	etwas
rien (sg)	nichts
pas grand-chose (sg)	nicht so viel
plusieurs (pl)	mehrere
tout (sg)	alles
…	

Das Indefinitpronomen vertritt das Nomen, von dem es eine mehr oder weniger genaue Menge oder Anzahl angibt. Manche Indefinitpronomen sind unveränderlich, andere richten sich in Geschlecht und Zahl nach dem Nomen, das sie vertreten.

→ 27

Indefinitpronomen, die eine Verneinung anzeigen (**personne**, **rien**, **aucun**, **aucune**, **pas un seul**, **pas une seule** und **pas grand-chose**), verwendet man mit **ne**.
    Je **ne** vois **personne**.   Ich sehe **niemanden**.

→ 86

Indefinitpronomen ergänzt man häufig mit **en**.
    J'**en** ai **plusieurs**.   Ich habe **mehrere (davon)**.
    Je n'**en** sais **rien**.   Ich weiss **nichts (davon)**.

→ 30

Im Gegensatz zum Deutschen steht im Französischen zwischen **quelque chose**, **rien**, **quelqu'un**, **personne** («etwas», «nichts», «jemand», «niemand») und dem Adjektiv ein **de** oder **d'**.
    Das ist **nichts** _ Schlimmes.   Ce n'est **rien de** grave.
    Das ist **etwas** _ Unglaubliches.   C'est **quelque chose d'**incroyable.

Tout le, toute la, tous les, toutes les

Je veux vivre
Faudel

Je veux vivre pour manger tous les livres
Je veux vivre pour connaître les enfants
De mes petits-enfants, pour atteindre 100 ans
Pour atteindre 1000 ans, pour être heureux et libre

Je veux vivre pour courir sur la grève
Je veux vivre pour embrasser mes rêves
Pour embraser mes jours, pour connaître l'amour
Et les heures qui enivrent, je veux vivre

Je veux vivre toutes les joies de la terre
Je veux vivre et parcourir les mers
Je veux vivre, consommer la planète
Sans en laisser une miette, je veux voir toutes les villes
Plonger de toutes les îles que leur ciel me délivre

tout le livre (m sg)	**toute la** ville (f sg)
das ganze Buch	die ganze Stadt
tous les livres (m pl)	**toutes les** villes (f pl)
alle Bücher	alle Städte

Der Indefinitbegleiter *tout*, *toute*, *tous*, *toutes* steht mit dem bestimmten Artikel oder einem anderen Begleiter vor dem Nomen. Er richtet sich in Geschlecht und Zahl nach dem Nomen, das er begleitet.

Im Singular bedeutet **tout le**… oder **toute la**… «der, die, das ganze …».
  Elle a lu **tout le livre**.   Sie hat **das ganze Buch** gelesen.
  C'est **toute ma vie**.   Das ist **mein ganzes Leben**.

Tout le in Verbindung mit **monde** bedeutet «alle».
  Tout le monde le sait.   **Alle** wissen es. / **Die ganze Welt** weiss es.

Im Plural bedeutet **tous les**… oder **toutes les**… «alle …».
  Je veux voir **toutes les villes**.   Ich will **alle Städte** sehen.

Tout, tous, toutes

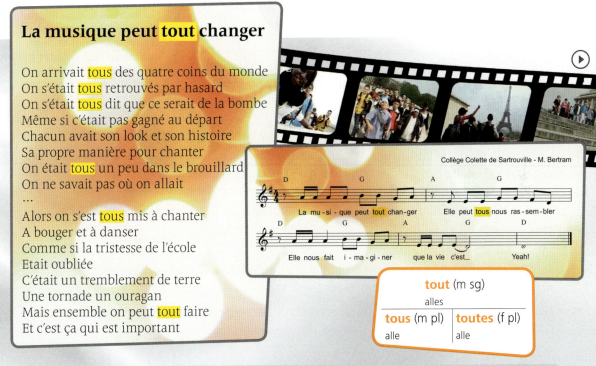

La musique peut tout changer

On arrivait tous des quatre coins du monde
On s'était tous retrouvés par hasard
On s'était tous dit que ce serait de la bombe
Même si c'était pas gagné au départ
Chacun avait son look et son histoire
Sa propre manière pour chanter
On était tous un peu dans le brouillard
On ne savait pas où on allait
…

Alors on s'est tous mis à chanter
A bouger et à danser
Comme si la tristesse de l'école
Etait oubliée
C'était un tremblement de terre
Une tornade un ouragan
Mais ensemble on peut tout faire
Et c'est ça qui est important

Collège Colette de Sartrouville - M. Bertram

La musique peut tout changer   Elle peut tous nous rassembler
Elle nous fait imaginer que la vie c'est…   Yeah!

tout (m sg)	
alles	
tous (m pl)	toutes (f pl)
alle	alle

Das Indefinitpronomen *tout*, *tous*, *toutes* vertritt ein Nomen, von dem es die gesamte Menge angibt. Es richtet sich in Geschlecht und Zahl nach dem Nomen, das es vertritt.

Im Singular bedeutet **tout** «alles».
   La musique peut **tout** changer.   Die Musik kann **alles** verändern.
   Tu as **tout** pris?   Hast du **alles** mitgenommen?

Im Plural bedeutet **tous** oder **toutes** «alle». Im Gegensatz zum Indefinitbegleiter **tous les**… spricht man **-s** bei **tous** aus.
   Elle peut **tous** nous rassembler.   Sie kann uns **alle** zusammenbringen.
   Elles sont **toutes** là.   Sie sind **alle** da.

Tout verwendet man häufig mit *ce qui* oder *ce que*.
   tout ce que tu veux   **alles, was** du willst
   tout ce qui brille   **alles, was** glänzt

29

Vor **tout** kann der bestimmte Artikel stehen.
   Je te donne **le tout**.   Ich gebe dir **das Ganze**.

Relativpronomen
Pronom relatif

« Maîtresse, c'est bien vrai qu'on ne peut pas être puni pour une chose **qu'**on n'a pas faite ?
– Évidemment, ce serait injuste sinon.
– Ouf ! J'avais peur de vous dire que je n'avais pas fait mes devoirs ! »

Un homme tourne autour d'un rond-point dans le mauvais sens, il se fait arrêter par un policier **qui** lui dit :
– Hé ! Monsieur ! Alors vous n'avez pas vu les flèches ?
– Ben, non, Monsieur l'agent, ni les flèches… heu, ni les indiens !

qui der, die, das, die		
que den, die, das, die	**lequel** (m sg) der, welcher	**laquelle** (f sg) die, welche
dont dessen, deren	**lesquels** (m pl) die, welche	**lesquelles** (f pl) die, welche

> Das Relativpronomen leitet einen Nebensatz ein. Die häufigsten Formen sind *qui*, *que*, *dont* und *lequel*, *laquelle*, *lesquels*, *lesquelles*.
>
> *Lequel, laquelle, lesquels, lesquelles* stehen in der Regel für Sachen und richten sich in Geschlecht und Zahl nach dem Nomen, das sie vertreten.

Qui verwendet man, wenn es das Subjekt (*sujet*) des Relativsatzes ist oder wenn nach einer Präposition eine Person gemeint ist.

| C'est toi **qui** gagnes. | Du bist es, **der/die** gewinnt. |
| le policier **à qui** tu parles | der Polizist, **mit dem** du sprichst |

Que verwendet man, wenn es das Akkusativobjekt (*complément d'objet direct*) des Relativsatzes ist.

| le devoir **que** j'ai fait | die Hausaufgabe, **die** ich gemacht habe |
| le policier **que** j'ai vu | den Polizisten, **den** ich gesehen habe |

Dont verwendet man, wenn es das Genitivobjekt des Relativsatzes ist, oder mit Verben, die mit **de** ergänzt werden.

Le héros **de cette blague** est un enfant.	Die Hauptfigur **dieses Witzes** ist ein Kind.
C'est la blague **dont** le héros est un enfant.	Das ist der Witz, **dessen** Hauptfigur ein Kind ist.
Elle se souvient **de la blague**.	Sie erinnert sich **an den Witz**.
C'est la blague **dont** elle se souvient.	Das ist der Witz, **an den** sie sich erinnert.

Wie im Deutschen kann vor dem Relativpronomen eine Präposition stehen.

| C'est la blague **à laquelle** elle pense. | Das ist der Witz, **an den** sie denkt. |

Ce qui und ce que

Ce qui und *ce que* bedeuten «was». In der Regel leiten sie einen Relativsatz ein.

Im Französischen unterscheidet man zwischen «was» als Subjekt (*ce qui* bedeutet «wer» oder «was») und «was» als Objekt (*ce que* bedeutet «wen» oder «was»).

    Ce qui me plaît, c'est sa bonne humeur.   **Was** mir gefällt, ist seine gute Laune.
    Ce que tu préfères, c'est…   **Was** du am liebsten magst, ist…

Häufig verwendet man *ce qui* und *ce que* in Verbindung mit **tout** («alles»).
    tout ce qui se trouve ici   **alles, was** sich hier befindet
    tout ce que tu veux   **alles, was** du willst

Das Pronomen *en*
Le pronom en

Marta est une vache orange. Elle ne ressemble à aucune autre vache à travers le monde. Monsieur Pincho, son propriétaire, **en** est très fier.

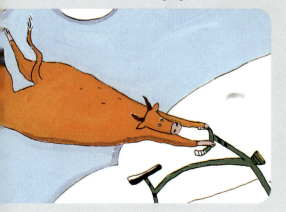

Marta rêve de devenir cycliste. Mais pour cela il faut une bicyclette et elle doute fort que Monsieur Pincho lui **en** offre une pour son anniversaire.

Das Pronomen *en* ersetzt eine Ergänzung mit *de*. Man übersetzt es im Deutschen mit «darauf», «darüber», «darum», «davon» …

M. Pitchou est fier **de sa vache**.	Monsieur Pitchou ist stolz **auf seine Kuh**.
Il **en** est fier.	Er ist stolz **darauf**. / Er ist stolz **auf sie**.
Marta s'occupe **de sa bicyclette**.	Marta kümmert sich **um ihr Fahrrad**.
Elle s'**en** occupe.	Sie kümmert sich **darum**.

Personen ersetzt man in der Regel mit der starken Form des Personalpronomens und nicht mit **en**.
Je ne me moque pas **d'elle**. — Ich mache mich nicht **über sie** lustig.

Das Pronomen **en** steht auch für ein Nomen, von dem man eine bestimmte Menge angibt.
Marta veut **une bicyclette**. — Marta will **ein Fahrrad**.
Monsieur Pincho lui **en** offre **une**. — Monsieur Pincho schenkt ihr **eines** (**davon**).

Tu as combien **de cartes**? — Wie viele **Karten** hast du?
J'**en** ai **trois**. — Ich habe **drei** (**davon**).

Das Pronomen *y*
Le pronom y

Bibliothèque...
ou ville vue du dessus?

S'agit-il de simples rectangles?

Mais non! Si on regarde bien, on peut y voir beaucoup de choses.

Des livres rangés sur des étagères par exemple.
A droite on voit des journaux, à gauche on peut s'imaginer que ce sont de gros dictionnaires. D'où le titre «Biblioteca»!

Ou est-ce peut-être un atelier plein de boîtes?
Et, qu'est-ce qu'il y a dans ces boîtes?

Biblioteca
Maria Elena Vieira da Silva (1966)

> Das Pronomen *y* ersetzt eine Ergänzung mit *dans* oder *à*. Man übersetzt es im Deutschen mit «daran», «darüber», «dahin», «das», «hier»…

On peut voir beaucoup de choses **dans le tableau**. Man kann viele Sachen **auf dem Bild** sehen.
On peut **y** voir beaucoup de choses. Man kann (**hier**) viele Sachen sehen.

On va **à la bibliothèque**. Wir gehen **in die Bibliothek**.
On **y** va. Wir gehen (**dahin**).

Personen ersetzt man in der Regel mit der starken Form des Personalpronomens und nicht mit *y*.
Je pense **à lui**. Ich denke **an ihn**.

Y kommt auch in der Wendung *il y a…* vor.
Qu'est-ce qu'**il y a** dans ces boîtes? Was **hat es** (**da**) in diesen Kisten?

Starke Formen
Formes d'insistance

	sg		pl	
1. P.	**moi**	ich	**nous**	wir
2. P.	**toi**	du	**vous**	ihr
3. P.	**lui**	er	**eux**	sie
	elle	sie	**elles**	sie

Im Gegensatz zum Deutschen gibt es im Französischen zwei Formen für das Personalpronomen: eine starke und eine schwache Form.

Die starken Formen verwendet man, wenn man eine Person oder Sache speziell hervorhebt und wenn das Personalpronomen als einzelnes Wort oder nach einer Präposition steht.

Zur Hervorhebung:	**Moi**, je sais.	Ich weiss es.
Als einzelnes Wort:	Qui a gagné? **Lui**.	Wer hat gewonnen? **Er**.
Nach Präpositionen:	C'est à qui? A **toi**!	Wer ist dran? **Du**!

Man verwendet die starken Formen des Personalpronomens zudem …

bei Vergleichen:	Il est plus énervé que **moi**.	Er ist genervter als **ich**.
mit *même(s)* («selber»):	Je le fais **moi-même**.	**Ich** mache es **selber**.
beim Imperativ mit einem reflexiven Verb:		
	Lâche-**moi** le slip.	Lass **mich** in Ruhe.
	Asseyez-**vous**.	Setzt **euch**.

Schwache Formen – Subjekt
Formes faibles – sujet

Le roi — Georges Brassens
Non certes, **elle** n'est pas bâtie, sur du sable, sa dynastie.
Il y a peu de chances qu'**on** détrône le roi des cons.
Il peut dormir, ce souverain, sur ses deux oreilles, serein.
Il y a peu de chances qu'**on** détrône le roi des cons.
Je, tu, il, elle, nous, vous, ils, tout le monde le suit, docile,
Il y a peu de chances qu'on détrône le roi des cons.
Il est possible, au demeurant, qu'**on** déloge le shah d'Iran.
Il y a peu de chances qu'**on** détrône le roi des cons.
Qu'un jour **on** dise: «C'est fini», au petit roi de Jordanie.
…

	sg		pl	
1. P.	**je**	ich	**nous**	wir
2. P.	**tu**	du	**vous**	ihr
3. P.	**il / elle**	er/sie/es	**ils / elles**	sie
	on	man		

> Die schwachen Formen des Personalpronomens verändern sich je nach ihrer Funktion im Satz. Als Subjekt gibt das Personalpronomen an, welche Person eine Handlung ausführt.

34, 35

Il peut dormir. — **Er** kann schlafen.
Je suis le roi de Jordanie. — **Ich** bin der König von Jordanien.

Wenn ein Verb mit einem Vokal oder einem **h**- beginnt, wird **je** zu **j'**. Bei **on**, **nous**, **vous**, **ils** und **elles** spricht man den letzten Buchstaben aus (**liaison**).
J'ai faim. — **Ich** habe Hunger.
Nous avons soif. — **Wir** haben Durst.

96

Il verwendet man als neutrales Personalpronomen bei unpersönlichen Verben (z. B. für Wetter- und Uhrzeitangaben) und mit **il y a**.
Il faut lire la consigne. — **Man muss** die Aufgabe lesen.
Il fait beau. — **Es ist** schönes Wetter.
Il pleut. — **Es regnet**.
Il est 10 heures. — **Es ist** 10 Uhr.
Il y a peu de chances que… — **Es gibt** wenig Chancen, dass…

31

Im Französischen verwendet man vor allem in der mündlichen Sprache oft **on** anstelle von **nous** für «wir».
Gehen **wir**! — **On** y va.
Wir haben Hunger. — **On** a faim.

Schwache Formen – *COD*
Formes faibles – complément d'objet direct (COD)

Le dentifrice
Il y a 4000 ans déjà, les Egyptiennes étaient très soucieuses de leurs dents. Elles **les** nettoyaient avec du dentifrice. Ce dentifrice était un mélange de cendres et d'argile.

Le dessin animé
Le premier dessin animé est présenté à Paris en 1908 par Émile Courtet. Pour **le** réaliser, il a fait 700 dessins qu'il a filmés image par image! Quant à Mickey Mouse, la célèbre souris de Walt Disney, elle apparaît en 1928 dans le premier dessin animé sonore.

	sg	pl
1. P.	**me** mich	**nous** uns
2. P.	**te** dich	**vous** euch
3. P.	**le/la** ihn/sie/es	**les** sie

Die schwachen Formen des Personalpronomens verändern sich je nach Funktion, die sie im Satz haben. Wenn man ein *complément d'objet direct (COD)* durch ein Personalpronomen ersetzt, lauten die Formen *me*, *te*, *le*, *la*, *nous*, *vous* oder *les*.

Die schwachen Formen des Personalpronomens stehen in der Regel vor dem konjugierten Verb.
    Elles nettoyaient **leurs dents** avec du dentifrice.   Sie putzten **ihre Zähne** mit Zahnpasta.
    Elles **les** nettoyaient avec du dentifrice.   Sie putzten **sie** mit Zahnpasta.

In einem Satz mit einem Infinitiv steht das Pronomen vor dem Infinitiv.
    Tu vas **le** faire?   Wirst du **es** machen?

In einem verneinten Satz rahmen die Verneinungswörter das Pronomen und die konjugierte Verbform ein.
    Cela ne **te** dérange pas?   Stört **dich** das nicht?

Me, *te*, *le* und *la* werden zu *m'*, *t'* und *l'*, wenn das darauffolgende Verb mit einem Vokal oder mit einem *h*- beginnt.
    Tu **m'**appelles ce soir?   Rufst du **mich** heute Abend an?

Zu den schwachen Formen des Personalpronomens zählen auch die Reflexivpronomen.

Nomenbegleiter und Pronomen › **Personalpronomen** **35**

Schwache Formen – *COI*
Formes faibles – complément d'objet indirect (COI)

Le sandwich
John Montagu, comte des Îles Sandwich du Sud, est un passionné de jeu. Il ne veut pas quitter la table à l'heure du déjeuner, donc il demande à son cuisinier de **lui** préparer un petit repas simple. On **lui** apporte une tranche de jambon entre deux tranches de pain beurré: c'est le premier sandwich.

1762

Le cornet de glace
L'Américain Charles E. Menches invente le cornet de glace. A une foire-exposition à Saint-Louis aux Etats-Unis, il manque de plats pour vendre sa crème glacée. Un pâtissier **lui** propose d'utiliser un biscuit. Il **lui** donne la forme d'un cornet et ajoute deux boules de glace.

1904

	sg		pl	
1. P.	**me**	mir	**nous**	uns
2. P.	**te**	dir	**vous**	euch
3. P.	**lui**	ihm, ihr	**leur**	ihnen

> Die schwachen Formen des Personalpronomens verändern sich je nach Funktion, die sie im Satz haben. Wenn man ein *complément d'objet indirect (COI)* durch ein Personalpronomen ersetzt, lauten die Formen *me*, *te*, *lui*, *nous*, *vous* oder *leur*.

36, 82

Die schwachen Formen des Personalpronomens stehen in der Regel vor dem konjugierten Verb.
  Il prépare un petit repas **au comte**.   Er bereitet **dem Grafen** eine kleine Mahlzeit zu.
  Il **lui** prépare un petit repas.   Er bereitet **ihm** eine kleine Mahlzeit zu.

In einem Satz mit einem Infinitiv steht das Pronomen vor dem Infinitiv.
  Tu vas **lui** écrire?   Wirst du **ihm/ihr** schreiben?

In einem verneinten Satz rahmen die Verneinungswörter das Pronomen und die konjugierte Verbform ein.
  Cela ne **leur** plaît pas.   Das gefällt **ihnen** nicht.

86

Me und ***te*** werden zu ***m'*** und ***t'***, wenn das darauffolgende Verb mit einem Vokal oder mit einem ***h***- beginnt.
  Le chien **m'**obéit.   Der Hund gehorcht **mir**.

96

Stellung der Personalpronomen

Hôtel Rive Gauche

Bulletin de réservation
Merci de remplir le formulaire ci-dessous et de <mark>nous le</mark> retourner par E-mail.

A réception de votre formulaire de réservation, un dossier complet d'information sera posté à votre adresse ainsi que toutes les informations sur votre réservation.

M ☐   Mme ☐   Mlle ☐
Nom:
Prénom:
Adresse complète: Ville:
Code postal:

Im Französischen stehen die Objekte im Satz im Vergleich zum Deutschen in umgekehrter Reihenfolge: Das *complément d'objet direct (COD)* steht vor dem *complément d'objet indirect (COI)*.

Wenn man beide Objekte durch ein Pronomen ersetzt, verändert sich die Reihenfolge: Das *complément d'objet direct (COD)* steht in manchen Fällen hinter dem *complément d'objet indirect (COI)*.

J'envoie le formulaire à M. Paupe.
       COD   COI

Ich schicke das Formular M. Paupe.

COD	COI
le	lui
la	leur
les	

Je le lui envoie.
 COD COI

Ich schicke es ihm.

Vous nous l'envoyez.
    COI COD

Ihr schickt es uns.

COI	COD
me	le
te	la
se	les
nous	
vous	

Nomenbegleiter und Pronomen › **Personalpronomen**

Viele Sprachen – viele Möglichkeiten: Personalpronomen

Personalpronomen verwendet man, um anzugeben, wer spricht. In manchen Sprachen braucht man dafür das Personalpronomen nicht unbedingt.

Deutsch		English Englisch		Français Französisch	
ich	komme	I	come	je	viens
du	kommst	you	come	tu	viens
er/sie/es/man	kommt	he/she/it	comes	il/elle/on	vient
wir	kommen	we	come	nous	venons
ihr	kommt	you	come	vous	venez
sie/Sie	kommen	they	come	ils/elles	viennent

Mit Personalpronomen

In Sprachen wie dem Englischen, Französischen und Deutschen sind die Verbformen einander ähnlich. Man braucht in der Regel das Personalpronomen, um sie voneinander zu unterscheiden.

Welche Verbformen klingen gleich?

Italiano Italienisch		Shqip Albanisch		Türkçe Türkisch	
io	vengo	unë	vij	ben	geliyorum
tu	vieni	ti	vjen	sen	geliyorsun
lui/lei/Lei	viene	ai/ajo	vjen	o	geliyor
noi	veniamo	ne	vijmë	biz	geliyoruz
voi	venite	ju	vini	siz	geliyorsunuz
loro/Loro	vengono	ata/ato	vijnë	onlar	geliyorlar

Español Spanisch		Português Portugiesisch	
yo	vengo	eu	venho
tú	vienes	tu	vens
él/ella/Usted	viene	ele/ela/você	vem
nosotros/nosotras	venimos	nós	vimos
vosotros/vosotras	venís	vós	vindes
ellos/ellas/Ustedes	vienen	eles/elas/vocês	vêm

Ohne Personalpronomen

In Sprachen wie dem Italienischen, Spanischen, Portugiesischen, Albanischen und Türkischen kann man das Personalpronomen meistens weglassen. Die Endung des Verbs oder der Zusammenhang geben an, um welche Person es sich handelt. Man verwendet das Personalpronomen nur, wenn man die Person, um die es geht, besonders hervorheben möchte.

Maskuline und feminine Formen

Im Spanischen gibt es für alle Personen ausser bei *yo* und *tú* eine maskuline und eine feminine Form.

Und in den anderen Sprachen?

Grundregel der Anpassung
Règle de base de l'accord

Vol autour de la Lune

Dirigée par un pilote, la **petite** capsule **spatiale** fait un tour complet de la Lune. Elle s'approche à moins de 100 kilomètres de la surface de la Lune et propose un «lever de Terre». Un **petit** tour par la station ISS (International Space Station) est également **envisagé**, avant de retourner sur Terre.
Ce voyage est **accessible** dès aujourd'hui, puisqu'un voyageur de l'espace a déjà signé son chèque de 150 millions de dollars pour réserver sa place. Et si un **autre** passager se paie des **petites** vacances **lunaires** rapidement, alors le premier voyage **touristique lunaire** peut bientôt démarrer. Une destination de rêve, pas vrai?

un **petit** tour (m sg)	une **petite** capsule (f sg)
ein kleiner Rundgang	eine kleine Kapsel
des **petits** voyages (m pl)	des **petites** vacances (f pl)
kurze Reisen	kurze Ferien

Das Adjektiv richtet sich in Geschlecht und Zahl nach dem Nomen, das es begleitet.
Die femininen Formen enden auf -e. Im Plural enden Adjektive in der Regel auf -(e)s.

Ungefähr die Hälfte der Adjektive haben eine maskuline Form auf **-e**. In diesem Fall sind die maskuline und feminine Form identisch.
    aut**re**, accessi**ble**, touristi**que**… anders, zugänglich, touristisch…

Wörterbucheintrag
Wenn sich die feminine von der maskulinen Form unterscheidet, werden in den Wörterbüchern beide Formen aufgeführt.

Während im Deutschen das Adjektiv dem Nomen vorangestellt ist, steht es im Französischen in der Regel nach dem Nomen.
    ein **vollständiger** Rundgang   un tour **complet**
    eine **touristische** Reise   un voyage **touristique**
Ausnahmen sind kurze und häufig gebrauchte Adjektive.
    eine **kleine** Kapsel   une **petite** capsule
    ein **grosses** Flugzeug   un **grand** avion
    ein **anderer** Passagier   un **autre** passager
    die **erste** Reise   le **premier** voyage
    das **letzte** Mal   la **dernière** fois
    ein **schöner** Traum   un **beau** rêve
    eine **gute** Idee   une **bonne** idée
    eine **wahre** Freude   un **vrai** bonheur
    …

Adjektiv › **Anpassung**

Sonderfälle der Anpassung: m f
Cas particuliers dans l'accord: m f

Accrobranche géant en mode Spider-Man

Cette randonnée sportive consiste à passer d'arbre en arbre, en s'agrippant aux branches à la manière de l'homme-araignée.

Facile! Il suffit de mettre une légère combinaison couverte de «nanopoils» artificiels (une matière adhésive). Cette technologie s'inspire de la matière naturelle qui recouvre les pattes de certains lézards, capables de grimper n'importe où.

Bienvenue dans le futur!

un produit **artificiel** (m sg)	une matière **artificielle** (f sg)
ein künstliches Produkt	ein künstliches Material
un **bon** grimpeur (m sg)	une **bonne** grimpeuse (f sg)
ein guter Kletterer	eine gute Kletterin
un **léger** décalage (m sg)	une **légère** combinaison (f sg)
eine leichte Verschiebung	ein leichter Overall
un garçon **sportif** (m sg)	une fille **sportive** (f sg)
ein sportlicher Junge	ein sportliches Mädchen

> Bei einigen Adjektiven unterscheiden sich die maskulinen und die femininen Endungen stark voneinander. Es gibt typisch maskuline und typisch feminine Endungen.

m	f		
-el	-elle	naturel, naturelle	natürlich
-il	-ille	gentil, gentille	nett
-eil	-eille	pareil, pareille	gleich
-on	-onne	bon, bonne	gut
-en	-enne	ancien, ancienne	alt, ehemalig
-as	-asse	bas, basse	tief
-os	-osse	gros, grosse	dick
-er	-ère	premier, première	erste-r
		dernier, dernière	letzte-r
-et	-ète	complet, complète	komplett
-f	-ve	adhésif, adhésive	klebend
-eur	-euse	rêveur, rêveuse	träumerisch
-eux	-euse	heureux, heureuse	glücklich
-oux	-ouse	jaloux, jalouse	eifersüchtig
...			

Nomen und Adjektive

Für Nomen und Adjektive gibt es die gleichen typisch maskulinen und femininen Endungen.

-el / -elle	le tunn**el**, la vaiss**elle**
	der Tunnel, das Geschirr
-eil / -eille	le somm**eil**, la bout**eille**
	der Schlaf, die Flasche
-on / -onne	un Bret**on**, une Bret**onne**
	ein Bretone, eine Bretonin
-en / -enne	le musici**en**, la musici**enne**
	der Musiker, die Musikerin
-er / -ère	le boulang**er**, la boulang**ère**
	der Bäcker, die Bäckerin
-et / -ète	un bonn**et**, une plan**ète**
	eine Mütze, ein Planet
-f / -ve	un moti**f**, une locomoti**ve**
	ein Motiv, eine Lokomotive
-eur / -euse	le serv**eur**, la serv**euse**
	der Kellner, die Kellnerin

Sonderfälle der Anpassung: m pl
Cas particuliers dans l'accord: m pl

Le Coca-Cola

En 1886, à Atlanta aux États-Unis, le pharmacien John Pemberton cherche à fabriquer un sirop **original** et désaltérant. Il mélange de la coca (plante stimulante des Andes), de l'extrait de cola (noix du colatier, arbre d'Afrique **occidentale** riche en caféine) avec des extraits **végétaux** et du sucre. Les clients qui goûtent son sirop sont enthousiastes. Pemberton vend ensuite sa formule à un certain Asa Candler. Celui-ci a l'idée d'y ajouter de l'eau **gazeuse** et crée en 1892 la société Coca-Cola, qui se fait connaître dans le reste du monde. Aujourd'hui, le secret de la recette est toujours jalousement gardé...

un sirop **original** (m sg)
ein origineller Sirup
des sirops **originaux** (m pl)
originelle Sirups

un **nouveau** client (m sg)
ein neuer Kunde
des **nouveaux** clients (m pl)
neue Kunden

un liquide **gazeux** (m sg)
eine kohlensäurehaltige Flüssigkeit
des liquides **gazeux** (m pl)
kohlensäurehaltige Flüssigkeiten

Bei einigen Adjektiven fügt man der maskulinen Pluralform kein *-s* hinzu:
» Adjektive auf *-s* oder *-x* sind im Singular und im Plural gleich.
» Adjektive, die im Singular auf *-al* enden, erhalten im Plural häufig die Endung *-aux*.
» Adjektive, die im Singular auf *-eau* enden, erhalten im Plural die Endung *-x*.

m sg	m pl		
-s	-s	bas, bas	tief
-x	-x	jaloux, jaloux	eifersüchtig
		heureux, heureux	glücklich
-al	-aux	génial, geniaux	genial
		égal, égaux	gleich
		original, originaux	originell
-eau	-eaux	nouveau, nouveaux	neu
		beau, beaux	schön
...			

Spezialfälle der Anpassung
Cas spéciaux dans l'accord

La fourrure du renard polaire est marron en été et blanche en hiver.

Certains rennes sont marron, d'autres sont presque blancs!

Bei einigen Adjektiven unterscheiden sich die maskulinen und femininen Formen so stark, dass sie als Ausnahmen gelten.

Manche Adjektive passen sich weder in Geschlecht noch in Zahl dem Nomen an.
Es handelt sich dabei um ...
» Farbnamen, die von einem Eigennamen abstammen:
   Certains rennes sont **marron**.   Einige Rentiere sind **braun**.
» Adjektive, die aus dem Englischen stammen:
   Elle est **cool**.   Sie ist **cool**.
» Adjektivverbindungen:
   C'est une grenouille **vert clair**.   Es ist ein **hellgrüner** Frosch.

m sg	f sg	
fou	folle	verrückt
frais	fraîche	frisch
beau/bel	belle	schön
nouveau/nouvel	nouvelle	neu
vieux/vieil	vieille	alt
doux	douce	sanft, weich
faux	fausse	falsch
long	longue	lang
blanc	blanche	weiss
...		

Vor maskulinen Nomen, die mit einem Vokal oder mit einem **h**- beginnen, verwendet man **bel**, **nouvel**, **vieil** anstelle von **beau**, **nouveau**, **vieux**.

   nouveau: un **nouvel** **é**lève   ein **neuer** Schüler
   beau: un **bel** **a**nniversaire   ein **schöner** Geburtstag
   vieux: un **vieil** **h**omme   ein **alter** Mann

Komparativ
Comparatif

L'**œil de l'autruche** est plus grand que son cerveau.

La langue da la **baleine bleue** peut être aussi lourde qu'un hippopotame (en moyenne 2,7 tonnes).

L'autruche court à une allure de croisière variant entre 40 km/h et 60 km/h. Lors d'un sprint, elle peut atteindre une **vitesse** moyenne de plus de 70 km/h.

aussi grand/-e/-s **que**…   so gross **wie**…
plus grand/-e/-s **que**…   gröss**er als**…
moins grand/-e/-s **que**…   **weniger** gross als…

Um etwas zu vergleichen, verwendet man den Komparativ.

Vor einem Adjektiv oder einem Adverb steht *aussi* («gleich»), *plus* («mehr») oder *moins* («weniger»).

Vor einem Nomen steht *autant de/d'* («gleich viele»), *plus de/d'* («mehr») oder *moins de/d'* («weniger»).

Der Vergleichspartikel («als»/«wie») lautet immer *que*.

autant de mètres **que**…
ebenso viele Meter **wie**…
plus de mètres **que**…
mehr Meter **als**…
moins de mètres **que**…
weniger Meter **als**…

→ 32   Mit dem Komparativ verwendet man die starken Formen des Personalpronomens.
     Elle est plus forte que **lui**.   Sie ist stärker als **er**.

→ 43   Es gibt unregelmässige Komparativ- und Superlativformen.
» **bon**, **meilleur**, **le/la meilleur/-e**…   gut, besser, der/die beste…
Komparativ: Il est **meilleur** que moi.   Er ist **besser** als ich.
Superlativ: C'est **le meilleur** joueur.   Er ist **der beste** Spieler.

» **bien**, **mieux**, **le/la mieux**   gut, besser, am besten
Komparativ: Elle va **mieux**.   Es geht ihr **besser**.
Superlativ: C'est **la mieux** placée.   Sie ist **am besten** platziert.

Mauvais und *mal* können «schlecht» oder «schlimm» bedeuten. Je nachdem haben sie eine unterschiedliche Komparativ- und Superlativform.
Bedeutung «schlecht»:   Il va **plus mal** qu'hier.   Es geht ihm **schlechter** als gestern.
                       Ce sont **les plus mauvais** résultats.   Das sind **die schlechtesten** Resultate.
Bedeutung «schlimm»:   C'est de mal en **pis**.   Es wird immer **schlimmer**.
                       C'était **la pire** catastrophe.   Das war **die schlimmste** Katastrophe.

Superlativ
Superlatif

Y
Tel est le nom **le plus court** porté par une commune française! Ses habitants, les Ypsiloniens, vivent dans le département de la Somme.

Créé en 1826 sous le règne de Charles X, le journal **Le Figaro** est **le plus ancien** quotidien français encore publié et **l'un des plus vieux** journaux du monde.

Llanfairpwllgwyngyllgogerychwyrndrobwllllantysiliogogogoch porte le nom de village **le plus long** reconnu en Europe. Situé au Pays de Galles, il est jumelé avec la commune française de Y.

| le/la/les plus court/-e/-s | der/die kürzeste/-n |
| le/la/les moins court/-e/-s | der/die am wenigsten kurze/-n |

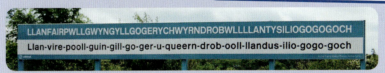

Um die höchste Steigerungsform eines Adjektiv oder eines Adverbs auszudrücken, verwendet man den Superlativ.

Für den Superlativ stellt man *le, la, les, plus* oder *le, la, les moins* vor ein Adjektiv oder *le plus*, *le moins* vor ein Adverb.

In der Regel steht der Superlativ hinter dem Nomen. Adjektive, die man im Normalfall vor dem Nomen platziert, stehen auch im Superlativ vor dem Nomen.
  C'est le nom **le plus court**.   Das ist **der kürzeste** Name.
  C'est **le plus vieux** journal.   Das ist **die älteste** Zeitung.

Wenn **le plus**, **la plus** oder **les plus** vor einem Nomen steht, ergänzt man es mit dem **de partitif**.
  Ce nom a **le plus de lettres**.   Dieser Name hat **am meisten Buchstaben**.

Anstelle des bestimmten Artikels (**le**, **la**, **les**) kann ein Possessivbegleiter (**mon**, **ta**, **ses...**) stehen.
  Il a réalisé **son plus grand** rêve.   Er hat **seinen grössten** Traum verwirklicht.

Die Superlativformen für **bon**, **bien**, **mauvais** und **mal** sind unregelmässig.

Den Superlativ kann man auch mit einem Adverb ausdrücken (**très**, **trop**, **fort**, **extrêmement**).
  Tu es **extrêmement douée**!   Du bist **extrem begabt**!

Adverb
Adverbe

J'ai toujours rêvé de monter mon cheval sans selle. Ceci est assez dangereux, je pense que c'est pour cela que je n'osais pas avant. Mais mercredi dernier, je me suis enfin décidée. Après mon cours d'équitation je vais enlever ma selle! Pendant toute la leçon j'angoissais. J'appréhendais la fin du cours car, bien sûr, j'avais peur mais en même temps j'étais très excitée. Je voulais vraiment essayer.

Ein Adverb drückt aus, wie, wo oder wann man etwas macht. Es bezieht sich meistens auf ein Verb, kann aber auch ein Adjektiv oder ein anderes Adverb begleiten. Es steht in der Regel nach der konjugierten Verbform.

Es gibt Adverbien zu verschiedenen Bereichen.

Art und Weise		Menge und Intensität		Zeit		Ort	
bien	gut	très	sehr	alors	also	ici	hier
mal	schlecht	assez	ziemlich	avant	vorher	là	da
ensemble	zusammen	beaucoup	viel	après	nachher	devant	vor
plutôt	eher	environ	ungefähr	toujours	immer	derrière	hinter
vite	schnell	peu	wenig	aujourd'hui	heute	près	nah
volontiers	gern	tout à fait	völlig	demain	morgen	loin	weit
…		…		enfin	endlich	…	
				…			

Zusage		Verneinung		Zweifel	
certainement	sicher	jamais	nie	apparemment	anscheinend
vraiment	wirklich	rien	nichts	peut-être	vielleicht
…		…		…	

Adverb und Adjektiv

L'ordinateur

Le premier ordinateur s'appelle Eniac. Il est créé en 1946 par deux chercheurs américains. C'est une machine monstrueuse qui occupe toute une pièce. Elle pèse 27 tonnes, consomme de grandes quantités d'électricité et dégage beaucoup de chaleur. Cinq ans plus tôt, c'était l'Allemand Konrad Zuse qui avait créé une machine à calculer **entièrement** automatique. C'est pourquoi Zuse est souvent pris pour l'inventeur de l'ordinateur.

Les lunettes

C'est au 13e siècle, en Italie, que des lentilles optiques sont utilisées. Au début, il n'y a qu'un seul verre. Puis les verres sont assemblés deux par deux et **simplement** posés sur le nez.

Les Lego

En 1932 le Danois Ole Kirk Christiansen crée une firme qui fabrique des jouets en bois. En 1934 la firme prend le nom de Lego («Leg Godt» qui signifie «joue **bien**»). Les briques Lego ont été inventées en 1949.

Im Deutschen haben Adverbien und Adjektive die gleiche Form. Im Französischen unterscheidet sich ein Adverb in der Regel vom entsprechenden Adjektiv.

Viele Adverbien bildet man, indem man die feminine Form des Adjektivs mit **-ment** erweitert.

Adjektiv:	entier (m sg), entière (f sg)	ganz
Adverb:	**entière**ment	ganz, voll, völlig

C'est une machine **entièrement** automatique. — Es ist eine **voll** automatische Maschine.

Adjektive, die in der maskulinen Form auf einen Vokal enden, bilden das Adverb von der maskulinen Form ausgehend.

vrai (m sg)	→ **vrai**ment	wirklich

Wenige Adverbien enden auf **-ément**:

énorme (m, f sg)	→ **énorm**é**ment**	enorm

Es gibt Adverbien, deren Form sich stärker vom Adjektiv unterscheidet.

» Adjektiv: C'est un **bon** jeu.   Das ist ein **gutes** Spiel.
» Adverb: J'ai **bien** joué.   Ich habe **gut** gespielt.

» Adjektiv: C'est un **mauvais** jeu.   Das ist ein **schlechtes** Spiel.
» Adverb: Il a **mal** joué.   Er hat **schlecht** gespielt.

Präpositionen
Prépositions

Table solaire Salvador Dalí (1936)

C'est un **mirage?**

Où se déroule cette scène? Sur la plage? Dans le désert? Dans un café? Chez Salvador Dalí?

Au premier plan, un petit garçon observe la scène. Il n'a pas d'ombre. On a l'impression qu'il est découpé dans une feuille de papier. Qui est ce garçon?

Ce décor ressemble à un rêve.

Les bateaux, par exemple, sont tout à fait normaux, mais ils apparaissent dans un désert.

Dalí a peint la plage proche de sa maison, la table du café de son village, le sol de sa cuisine. Mais tous ensemble, ces éléments forment un paysage étrange.

D'où vient ce chameau?

S'est-il échappé du paquet de cigarettes près de l'enfant?

Präpositionen stehen vor den Angaben zur Zeit, zum Ort, zur Art und Weise oder zum Grund.

Wann:	un tableau **de** 1936	ein Gemälde **von** 1936	
Wo:	une scène **dans** un café	eine Szene **in** einem Café	
Wie:	un tableau **avec** des éléments bizarres	ein Gemälde **mit** seltsamen Elementen	
Warum:	un garçon bizarre **à cause de** son ombre	ein seltsamer Junge **wegen** seines Schattens	

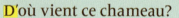

Häufig gebrauchte Präpositionen:

Zeit		Ort		Art und Weise		Grund	
à	um, zu, nach…	dans	in	avec	mit	à cause de	wegen
avant	vor	devant	vor	sans	ohne	malgré	trotz
après	nach	derrière	hinter	pour	für	grâce à	dank
de	von, aus…	à côté de	neben	contre	gegen	selon	gemäss, laut
pendant	während	entre	zwischen	…		…	
depuis	seit	chez	bei				
en	in, aus…	loin de	weit von				
jusqu'à	bis zu	près de, proche de	nahe bei				
dès	von… an	vers	nach, gegen				
…		sous	unter				
		sur	auf				
		…					

Verwendung bestimmter Präpositionen

La Course **de** l'Escalade se déroule tous les ans **à** Genève **au** mois **de** décembre. Cela fait 3 ans que j'y participe. Pour moi, cette course **à** pied est plus qu'une simple course mais une mission. Mon but est d'arriver dans les 30 premières filles sur les 900 qui courent **de** différentes écoles **en** Suisse. C'est une course qui dure **à** peu près huit **à** quinze minutes, 2,4 km plus précisément, je l'ai moi-même courue **en** 9 minutes 34 secondes. Cette année, je cours avec des filles qui sont nées **en** 1998, 1997 et 1996, alors que je suis née **en** 1999.

De, *à* und *en* sind die häufigsten Präpositionen im Französischen. Sie haben unterschiedliche Entsprechungen im Deutschen, je nach Zusammenhang, in dem man sie verwendet.

de verwendet man bei …
» der Angabe der Herkunft: Je viens **de** Genève.   Ich komme **aus** Genf.
» Mengen- und Massangaben: une course **de** 2,4 km   ein Lauf **von** 2,4 km

en verwendet man bei …
» vielen Ländern und Regionen: des écoles **en** Suisse   Schulen **in** der Schweiz
» der Angabe des Materials: C'est **en** bois.   Das ist **aus** Holz.
» den meisten Transportmitteln: **en** train, **en** voiture   **mit dem** Zug, **mit dem** Auto
» Jahreszahlen und Monaten: **en** 2015, **en** décembre   2015, **im** Dezember

à verwendet man bei …
» den wenigen Ländern und Regionen, die maskulin sind oder im Plural stehen: Je vis **au** Maroc.   Ich lebe **in** Marokko.
   Tu pars **aux** Etats-Unis?   Gehst du **in** die USA?
» Zeitangaben: **au** mois de décembre   **im** Monat Dezember
   8 **à** 10 minutes   8 **bis** 10 Minuten
   Ça commence **à** 15 h.   Es beginnt **um** 15 Uhr.
» Angaben zum Ort: Je suis **à la** maison.   Ich bin **zu** Hause.
   Ça se passe **à** Genève.   Es findet **in** Genf statt.
» Feiertagen: **à** Noël, **à** Pâques   **zu** Weihnachten, **zu** Ostern
» wenigen Transportmitteln: **à** pied, **à** vélo   **zu** Fuss, **mit** dem Velo

Angabe der Jahreszeiten
au printemps   **im** Frühling
en été   **im** Sommer
en automne   **im** Herbst
en hiver   **im** Winter

Im Französischen verwendet man für «auf» häufig andere Präpositionen als *sur*.

sur la route, **dans** la rue   **auf** der Strasse   **à** la page 12   **auf** Seite 12
aux toilettes   **auf** dem WC   **en** allemand   **auf** Deutsch
en voyage   **auf** Reisen   **de** l'autre côté   **auf** der anderen Seite

Grundzahlen
Nombres cardinaux

La Course de l'Escalade se déroule tous les ans à Genève au mois de décembre. Cela fait *trois* ans que j'y participe. Pour moi, cette course à pied est plus qu'une simple course mais une mission. Mon but est d'arriver dans les *trente* premières filles sur les *neuf cents* qui courent de différentes écoles en Suisse. C'est une course qui dure à peu près *huit* à *quinze* minutes, 2,4 km plus précisément, je l'ai moi-même courue en 9 minutes 34 secondes.

Ausser *un* oder *une*, *vingt* und *cent* sind die Grundzahlen unveränderlich.
Die Zahlen 0 bis 16, die Zehner, die Hunderter, die Tausender … bilden die Grundlage für alle weiteren Zahlen.

0	zéro
1	un/-e
2	deux
3	trois
4	quatre
5	cinq
6	six
7	sept
8	huit
9	neuf

10	dix
11	onze
12	douze
13	treize
14	quatorze
15	quinze
16	seize
17	dix-sept
18	dix-huit
19	dix-neuf

20	vingt
30	trente
40	quarante
50	cinquante
60	soixante
70	septante
80	quatre-vingts
90	nonante
100	cent
1000	mille

Suisse romande – Frankreich

In Frankreich bildet man die Zahlen 70-79 und 90-99 anders als in der *Suisse romande*.

72: F: *soixante-douze*
    CH: *septante-deux*
97: F: *quatre-vingt-dix-sept*
    CH: *nonante-sept*

Für 80 verwendet man in den Kantonen Waadt, Wallis und Freiburg auch *huitante*.

Um **un** oder **une** mit einer Zehnerzahl zu verbinden, verwendet man **et**.
    vingt **et un**, trente **et un**, quarante **et un**…   21, 31, 41…

Die anderen Einerzahlen verbindet man durch einen Bindestrich mit der Zehnerzahl.
    cinquante-**deux**, soixante-**trois**, septante-**cinq**…   52, 63, 75…

Bei **quatre-vingts** entfällt **-s**, wenn man eine weitere Zahl hinzufügt.
    quatre-vingt-sept, quatre-vingt-huit, quatre-vingt-neuf   87, 88, 89…

Cent erhält ein **-s**, wenn eine runde Hundertzahl gemeint ist. Folgt eine Zehner- oder eine Einerzahl, entfällt **-s**. **Mille** ist immer unveränderlich.
    deux cent**s**, trois cent**s**, mille   200, 300, 1000…
    cinq cent vingt-sept, huit cent un, mille trente-sept   527, 801, 1037…

Ordnungszahlen
Nombres ordinaux

Je cours de toutes mes forces et je franchis la ligne d'arrivée. Je rejoins une de mes meilleures amies qui m'attend. Je réalise que je ne suis pas essoufflée et je me dis que j'aurais pu faire mieux… Je ne connais toujours pas mon résultat mais je l'attends avec impatience. Je reprends la voiture pour rentrer chez moi quand mon meilleur ami m'appelle et me dit que j'étais en <mark>vingt-cinquième</mark> position. J'ai sauté de joie! J'ai accompli mon but. Mon vœu s'est réalisé. Ma mission pour l'année prochaine est donc d'arriver dans les dix <mark>premières</mark>, ce qui serait le meilleur jour de ma vie.

Die Ordnungszahlen sind in der Regel unveränderlich. Man bildet sie, indem man die Grundzahlen mit *-ième* ergänzt.

1.	premier/-ière	6.	sixième	20.	vingtième
2.	deuxième	7.	septième	21.	vingt et unième
	second/-e	8.	huitième	22.	vingt-deuxième
3.	troisième	9.	neuvième	100.	centième
4.	quatrième	10.	dixième	1000.	millième
5.	cinquième				

***Premier, première* und *second, seconde* leiten sich nicht von den Grundzahlen ab.**
    J'aimerais être dans les dix **premières**.   Ich möchte in den zehn **Ersten** sein.

Manchmal ist eine orthografische Anpassung für die Aussprache nötig, wie bei ***cinquième*, *neuvième*** …

Die Ordnungszahlen verwendet man im Französischen weniger oft als im Deutschen.
Bei Daten und Monarchen steht im Französischen die Grundzahl.
    der **23.** Juni (der **dreiundzwanzigste** Juni)   le **23** juin (le **vingt-trois** juin)
    Ludwig **XIV.** (Ludwig der **Vierzehnte**)   Louis **XIV** (Louis **quatorze**)

Nur bei «der/die erste» verwendet man auch im Französischen die Ordnungszahl.
    Napoleon **I.** (Napoleon der **Erste**)   Napoléon **1er** (Napoléon **premier**)
    der **1.** April (der **erste** April)   le **1er** avril (le **premier** avril)

Viele Sprachen – viele Möglichkeiten: Zahlen

In den verschiedenen Sprachen setzt man die Zahlwörter häufig ähnlich zusammen.

Français Französisch		Português Portugiesisch		Shqip Albanisch		Türkçe Türkisch	
1	un	1	um	1	një	1	bir
2	deux	2	dois	2	dy	2	iki
3	trois	3	três	3	trë	3	üç
4	quatre	4	quatro	4	katër	4	dört
5	cinq	5	cinco	5	pesë	5	beş
6	six	6	seis	6	gjashtë	6	altı
7	sept	7	sete	7	shtatë	7	yedi
8	huit	8	oito	8	tetë	8	sekiz
9	neuf	9	nove	9	nëntë	9	dokuz
10	dix	10	dez	10	dhjetë	10	on
11	onze	11	onze	11	njëmbëdhjetë	11	on bir
12	douze	12	doze	12	dymbëdhjetë	12	on iki
16	seize	16	dezasseis	16	gjashtëmbëdhjetë	16	on altı
20	vingt	20	vinte	20	njëzet	20	yirmi
25	vingt-cinq	25	vinte e cinco	25	njëzet e pesë	25	yirmi beş
30	trente	30	trinta	30	tridhjetë	30	otuz
31	trente et un	31	trinta e um	31	tridhjetë e një	31	otuz bir
65	soixante-cinq	65	sessenta e cinco	65	gjashtëdhjetë e pesë	65	altmış beş
70	septante	70	setenta	70	shtatëdhjetë	70	yetmiş
80	quatre-vingts	80	oitenta	80	tetëdhjetë	80	seksen
90	nonante	90	noventa	90	nëntëdhjetë	90	doksan
100	cent	100	cem	100	njëqind	100	yüz

Romanische Zahlnamen

Französische und portugiesische Zahlnamen sind einander ähnlich.

Kennst du auch Zahlen auf Spanisch oder Italienisch?

Zahlen bilden

Wenn man die Einer- und die Zehnerzahlen einer Sprache kennt, kann man mit etwas Glück und Tüftelei die meisten anderen Zahlen von 10 bis 100 erraten.

Schaffst du das für 23, 32, 86 oder 99?

Reihenfolge

In den meisten Sprachen entspricht die Reihenfolge im Zahlnamen der Leserichtung der Ziffern: Zuerst kommt der Zehner, dann der Einer.

<u>21</u> = <u>vingt</u>-et-<u>un</u>
<u>21</u> = <u>twenty</u>-<u>one</u>

Im Deutschen ist es gerade umgekehrt.
<u>21</u> = <u>einundzwanzig</u>

Zahlen 51

Suomi Finnisch	
1	yksi
2	kaksi
3	kolme
4	neljä
5	viisi
6	kuusi
7	seitsemän
8	kahdeksan
9	yhdeksän
10	kymmenen
11	yksitoista
12	kaksitoista
16	kuusitoista
20	kaksikymmentä
25	kaksikymmentäviisi
30	kolmekymmentä
31	kolmekymmentäyksi
65	kuusikymmentäviisi
70	seitsemänkymmentä
80	kahdeksankymmentä
90	yhdeksänkymmentä
100	sata

English Englisch	
1	one
2	two
3	three
4	four
5	five
6	six
7	seven
8	eight
9	nine
10	ten
11	eleven
12	twelve
16	sixteen
20	twenty
25	twenty-five
30	thirty
31	thirty-one
65	sixty-five
70	seventy
80	eighty
90	ninety
100	hundred

Svensk Schwedisch	
1	en/ett
2	två
3	tre
4	fyra
5	fem
6	sex
7	sju
8	åtta
9	nio
10	tio
11	elva
12	tolv
16	sexton
20	tjugo
25	tjugofem
30	trettio
31	trettioett
65	sextiofem
70	sjuttio
80	åttio
90	nittio
100	hundra

Germanische Zahlnamen

Schwedische und englische Zahlnamen sind einander ähnlich.

An welche anderen Sprachen erinnern sie dich?

العربية Arabisch		
1	واحد	wahid
2	اثنان	Ithnan
3	ثلاثة	thlatha
4	أربعة	arbah
5	خمسة	kmsah
6	ستة	shta
7	سبعة	sabh
8	ثمانية	thamnyia
9	تسعة	tisa
10	عشرة	asshrah
11	احدا وعشر	ahdah asher

العربية Arabisch		
12	اثنا وعشر	athnah asher
16	سته وعشر	sittat asher
20	عشرون	ishrun
25	خمسه وعشرون	kmsah wo ashrun
30	ثلاثون	thalthon
31	واحد وثلاثون	wahid wothalthun
65	خمسه وستون	kmsha wo stoan
70	سبعون	sbohon
80	ثمانون	thalthon
90	تسعون	tsohn
100	مائه	maha

Zeitstrahl
Frise chronologique

Zeit

> **Vergangenheit**
> Passé

Zeitform[1]

Plus-que-parfait	Imparfait	Passé récent
	Passé composé	
	Passé simple	

Verwendung

» Um etwas auszudrücken, das in der Vergangenheit geschehen ist, verwendet man das *passé composé* (Perfekt) oder das *imparfait* (Präteritum). Schriftlich kann man auch das *passé simple* gebrauchen.

» Um etwas auszudrücken, das vor etwas anderem geschehen ist, verwendet man das *plus-que-parfait* (Vorvergangenheit).

» Wenn etwas gerade erst geschehen ist, verwendet man das *passé récent*.

---

[1] Die Zuordnung der Zeitformen zu den Zeiten ist in Wirklichkeit weniger eindeutig, als sie hier erscheint. Beispielsweise kann man mit dem Präsens auch eine Idee der Zukunft ausdrücken: «On se voit ce soir?»

Verb › **Zeitstrahl** **53**

Gegenwart
Présent

Zukunft
Futur

Présent
Présent progressif
Gérondif

Futur composé   **Futur simple**

» Um etwas auszudrücken, das in der Gegenwart geschieht, verwendet man das *présent* (Präsens) oder das *présent progressif*.

» Um etwas auszudrücken, das zeitgleich mit einer anderen Handlung geschieht, verwendet man den *gérondif*.

» Um etwas auszudrücken, das in der Zukunft geschehen wird, verwendet man das *futur simple* (Futur) oder das *futur composé* (Nahe Zukunft).

Viele Sprachen – viele Möglichkeiten: Zeiten

In den verschiedenen Sprachen gliedert man die Zeiten in unterschiedlich viele Zeitformen.

	Vergangenheit Passé	Gegenwart Présent	Zukunft Futur
Deutsch	**Perfekt** Ich habe gesprochen. **Präteritum** Ich sprach. **Plusquamperfekt** Ich hatte gesprochen.	**Präsens** Ich spreche. **Partizip Präsens** sprechend	**Futur** Ich werde sprechen.
Schweizer- deutsch	**Perfekt** I ha gredt.	**Präsens** I rede.	**Futur** I tue de rede.
Français Französisch	**Passé récent** Je viens de parler. **Passé composé** J'ai parlé. **Passé simple** Je parlai. **Imparfait** Je parlais. **Plus-que-parfait** J'avais parlé.	**Présent** Je parle. **Présent progressif** Je suis en train de parler. **Gérondif** en parlant	**Futur simple** Je parlerai. **Futur composé** Je vais parler.
English Englisch	**Present perfect** I've spoken. **Simple past** I spoke. **Past progressive** I was speaking. **Past perfect** I had spoken.	**Simple present** I speak. **Present progressive** I am speaking. **-ing-Form** speaking	**Will-future** I will speak. **Going-to-future** I am going to speak.
Italiano Italienisch	**Passato prossimo** Ho parlato. **Passato remoto** Parlai. **Imperfetto** Parlavo. **Trapassato prossimo** Avevo parlato.	**Presente** Parlo. **Perifrasi progressiva** Sto parlando. **Gerundio** parlando	**Futuro semplice** Parlerò.
Suomi Finnisch	**Perfekt** Olen puhunut. **Imperfekt** Puhuin. **Plusquamperfekt** Olin puhunut.	**Präsens** Puhun. **Instrumental** Puhuen.	
Português Portugiesisch	**Pretérito recente** Acabei de falar. **Pretérito perfeito composto** Eu tenho falado. **Pretérito perfeito simples** Falei. **Pretérito imperfeito** Eu falava. **Pretérito mais-que-perfeito composto** Eu tinha falado. **Pretérito mais-que-perfeito anterior** Eu tivera falado.	**Presente** Eu falo. **Gerúndio** falando	**Futuro simples** Falarei. **Futuro** Eu vou falar.

Anzahl Zeitformen

Wie erzählst du auf Schweizerdeutsch ein Ereignis in der Vergangenheit?

Wie erzählt man wohl auf Finnisch ein Ereignis in der Zukunft?

Konjugationsarten
Types de conjugaison

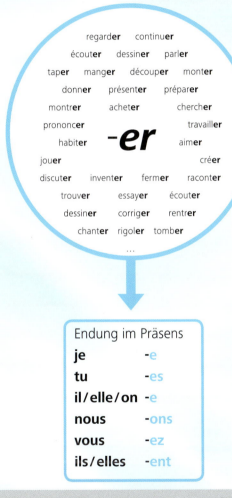

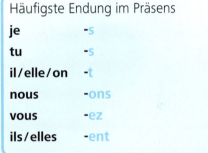

Häufigste Endung im Präsens

je	-s
tu	-s
il/elle/on	-t
nous	-ons
vous	-ez
ils/elles	-ent

Endung im Präsens

je	-e
tu	-es
il/elle/on	-e
nous	-ons
vous	-ez
ils/elles	-ent

Im Französischen ordnet man die Verben nach ihrer Endung im Infinitiv. Es gibt vier Konjugationsarten: Verben auf *-er*, auf *-ir*, auf *-re* und auf *-oir*.

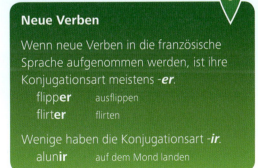

Die Verben auf *-er* sind am häufigsten. Es sind mehr als 5000.
Es gibt weniger als 500 Verben mit der Infinitivendung *-ir*, *-re* oder *-oir*. Diese unterscheiden sich bei den Formen im Singular von den Verb-Endungen der *-er*-Verben.

Zeitformen für die Gegenwart
Temps des verbes du présent

Präsens
Présent

Verben mit Infinitiv auf -*er*

Infinitiv	regard**er**	schauen
Stamm (einstämmig)	regard-	
je	regard**e**	
tu	regard**es**	
il/elle/on	regard**e**	
nous	regard**ons**	
vous	regard**ez**	
ils/elles	regard**ent**	

Verben mit Infinitiv auf -*ir*, -*re*, -*oir*

Infinitiv	fin**ir** beenden	li**re** lesen	sav**oir** wissen
Stamm (zweistämmig)	fini-, finiss-	li-, lis-	sai-, sav-
je	fini**s**	li**s**	sai**s**
tu	fini**s**	li**s**	sai**s**
il/elle/on	fini**t**	li**t**	sai**t**
nous	finiss**ons**	lis**ons**	sav**ons**
vous	finiss**ez**	lis**ez**	sav**ez**
ils/elles	finiss**ent**	lis**ent**	sav**ent**

Präsens: Verben auf *-er*
Présent: verbes en -er

Au bout d'un moment, le même jeune homme se lève et tente de tirer l'alarme, en vain. Le dévoué paysan se relève lui aussi et tire l'alarme avec une aisance toute triomphante. Le train s'immobilise. Un contrôleur et un technicien du train arrivent sur les lieux. Emoi dans tout le wagon. L'étudiant regarde alors son aîné, lui dit les mêmes paroles que l'homme lui avait adressées, mais en montrant d'abord ses bras maigres et ensuite son front!

Stamm	Endung	
aim	-er	mögen
j'aim	-e	ich mag
tu aim	-es	du magst
il/elle/on aim	-e	er/sie/es/man mag
nous aim	-ons	wir mögen
vous aim	-ez	ihr mögt
ils/elles aim	-ent	sie mögen

> Viele Endungen von Verben hört man nicht. Man muss sie aber trotzdem schreiben.

Die Verben mit der Endung *-er* im Infinitiv sind am häufigsten.
Die Verbformen setzen sich aus dem Stamm und den Endungen *-e*, *-es*, *-e*, *-ons*, *-ez*, *-ent* zusammen.

Das Verb **aller** ist unregelmässig.

Einige Verben sind zweistämmig. Das heisst, dass sich zusätzlich zur Endung auch Vokale oder Konsonanten verändern.

---

se lever aufstehen
je me lève
tu te lèves
il/elle/on se lève
nous nous levons
vous vous levez
ils/elles se lèvent

mener leiten, führen
je mène / nous menons

---

préférer vorziehen
je préfère
tu préfères
il/elle/on préfère
nous préférons
vous préférez
ils/elles préfèrent

espérer hoffen
répéter wiederholen

---

s'appeler heissen
je m'appelle
tu t'appelles
il/elle/on s'appelle
nous nous appelons
vous vous appelez
ils/elles s'appellent

jeter wegwerfen
je jette / nous jetons

Präsens: Verben auf *-ir*
Présent: verbes en -ir

	Stamm	Endung	
	chois	-ir	wählen
je	choisi	-s	ich wähle
tu	choisi	-s	du wählst
il/elle/on	choisi	-t	er/sie/es/man wählt
nous	choisiss	-ons	wir wählen
vous	choisiss	-ez	ihr wählt
ils/elles	choisiss	-ent	sie wählen

Die Formen der Verben auf *-ir* setzen sich aus dem Stamm und den Endungen *-s*, *-s*, *-t*, *-ons*, *-ez*, *-ent* zusammen.
Bei den meisten Verben auf *-ir* wird der Stamm im Plural durch *-ss-* erweitert.
Bei einigen Verben verändert sich der Stamm anders.

venir kommen	**servir** servieren	**dormir** schlafen	**partir** weggehen
je viens	je sers	je dors	je pars
tu viens	tu sers	tu dors	tu pars
il/elle/on vient	il/elle/on sert	il/elle/on dort	il/elle/on part
nous venons	nous servons	nous dormons	nous partons
vous venez	vous servez	vous dormez	vous partez
ils/elles viennent	ils/elles servent	ils/elles dorment	ils/elles partent
tenir halten			**sortir** ausgehen
			sentir fühlen
			mentir lügen

Wenige Verben auf *-ir* haben Endungen wie die *-er*-Verben. Häufig gebrauchte Verben sind **ouvrir**, **offrir** und **couvrir**.

ouvrir öffnen	**offrir** schenken	**couvrir** bedecken
j'ouvre	j'offre	je couvre
tu ouvres	tu offres	tu couvres
il/elle/on ouvre	il/elle/on offre	il/elle/on couvre
nous ouvrons	nous offrons	nous couvrons
vous ouvrez	vous offrez	vous couvrez
ils/elles ouvrent	ils/elles offrent	ils/elles couvrent

Präsens: Verben auf *-re*
Présent: verbes en -re

Christophe Maé

Pourquoi c'est beau ça?

Les pieds posés sur la table
J'observe la ronde
Les enfants sur le sable
Se demandent-ils où va ce monde
Ils jouent à cap' ou pas capable
Pendant que pètent des bombes
Mille questions dans leur cartable
Et si quelqu'un les entend qu'ils répondent

Et pour qui pourquoi on fait ça?
Des enfants et des lois.
Et pour qui pourquoi on fait ça?
Petit je suis aussi petit que toi
Quand tu veux savoir:

Et pourquoi tu vis
Et lui ne vit pas
J'ai déjà eu deux vies moi
Et lui n'en a pas, non

Et pourquoi tu ris
Et lui ne rit pas, non
On est tous aussi petits
Face à ces questions-là
…

REFRAIN
Pour-quoi c'est beau ça et ça ne l'est pas Vois La beau-té bon-homme ne s'ex-pli-que pas… Pour-quoi tu vois toi ce que moi je ne vois pas… On dit que l'hom-me ne voit que c'qu'il n'a pas… Par-ce que l'hom-me ne voit que c'qu'il n'a pas… 2ème REFRAIN sans reprise

Die Formen der Verben auf *-re* setzen sich aus dem Stamm und den Endungen **-s**, **-s**, **-t**, **-ons**, **-ez**, **-ent** zusammen.

Verben auf *-dre* enden in der 3. Person Singular auf **-d**.
  Il les enten**d**.   Er hört sie.

Bei den meisten Verben auf *-re* verändert sich der Stamm im Singular oder im Plural.

Das Verb **être** ist unregelmässig.

Stamm	Endung	
ri	-re	lachen
je ri	-s	ich lache
tu ri	-s	du lachst
il/elle/on ri	-t	er/sie/es/man lacht
nous ri	-ons	wir lachen
vous ri	-ez	ihr lacht
ils/elles ri	-ent	sie lachen

mettre stellen, legen	**écrire** schreiben	**faire** machen	**dire** sagen	**prendre** nehmen
je mets	j'écris	je fais	je dis	je prends
tu mets	tu écris	tu fais	tu dis	tu prends
il/elle/on met	il/elle/on écrit	il/elle/on fait	il/elle/on dit	il/elle/on prend
nous mettons	nous écrivons	nous faisons	nous disons	nous prenons
vous mettez	vous écrivez	vous faites	vous dites	vous prenez
ils/elles mettent	ils/elles écrivent	ils/elles font	ils/elles disent	ils/elles prennent

Präsens: Verben auf *-oir*
Présent: verbes en -oir

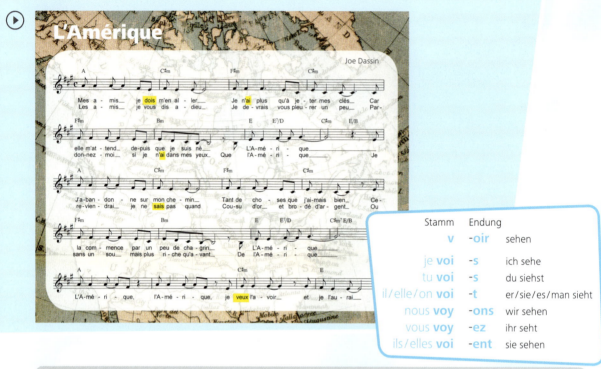

Stamm	Endung	
v	-oir	sehen
je voi	-s	ich sehe
tu voi	-s	du siehst
il/elle/on voi	-t	er/sie/es/man sieht
nous voy	-ons	wir sehen
vous voy	-ez	ihr seht
ils/elles voi	-ent	sie sehen

Es gibt nicht viele Verben mit der Endung *-oir*, aber man braucht sie häufig.

Die Verbformen setzen sich aus dem Stamm und den Endungen *-s, -s, -t, -ons, -ez, -ent* zusammen. Der Stamm verändert sich.

Das Verb **avoir** ist unregelmässig.

Häufig gebrauchte Verben sind **vouloir**, **pouvoir**, **devoir** und **savoir**. Die 1. und die 2. Person Singular der Verben **vouloir** und **pouvoir** enden auf *-x*.

vouloir wollen	**pouvoir** können	**devoir** müssen	**savoir** wissen
je veux	je peux	je dois	je sais
tu veux	tu peux	tu dois	tu sais
il/elle/on veut	il/elle/on peut	il/elle/on doit	il/elle/on sait
nous voulons	nous pouvons	nous devons	nous savons
vous voulez	vous pouvez	vous devez	vous savez
ils/elles veulent	ils/elles peuvent	ils/elles doivent	ils/elles savent

Präsens: unregelmässige Verben *être*, *avoir* und *aller*
Présent: les verbes irréguliers être, avoir et aller

Allo! Là je **suis** dans le bus
le quarante-et-un pour Vénus
celui qui **va** jusqu'à Mercure.
J'**ai** pas pris la ligne vingt-et-une
y'avait trop de monde sur la lune
Il fallait descendre à l'azur.

Et toi, où **es**-tu dans l'espace?
Attends, je n'entends plus,
je passe dans un tunnel
d'astéroïdes…

être	sein
je **suis**	ich bin
tu **es**	du bist
il/elle/on **est**	er/sie/es/man ist
nous **sommes**	wir sind
vous **êtes**	ihr seid
ils/elles **sont**	sie sind

avoir	haben
j'**ai**	ich habe
tu **as**	du hast
il/elle/on **a**	er/sie/es/man hat
nous **avons**	wir haben
vous **avez**	ihr habt
ils/elles **ont**	sie haben

aller	gehen
je **vais**	ich gehe
tu **vas**	du gehst
il/elle/on **va**	er/sie/es/man geht
nous **allons**	wir gehen
vous **allez**	ihr geht
ils/elles **vont**	sie gehen

Die Verben *être*, *avoir* und *aller* sind unregelmässig.

Man kann sie auch als Hilfsverben für andere Zeitformen verwenden.

» Mit *être* und *avoir* bildet man das **passé composé** und das **plus-que-parfait**.
» Mit *être* bildet man das **présent progressif**.
» Mit *aller* bildet man das **futur composé**.

Präsens: Reflexive Verben
Présent: Verbes pronominaux

	se	présenter	sich vorstellen
je	me	présente	ich stelle mich vor
tu	te	présentes	du stellst dich vor
il/elle/on	se	présente	er/sie/es/man stellt sich vor
nous	nous	présentons	wir stellen uns vor
vous	vous	présentez	ihr stellt euch vor
ils/elles	se	présentent	sie stellen sich vor

Bei den *verbes pronominaux* steht *se* vor dem Infinitiv.
Vor der konjugierten Form steht das Reflexivpronomen *me*, *te*, *se*, *nous*, *vous*, *se*.

Vor einem Verb, das mit einem Vokal oder einem *-h* beginnt, werden die Reflexivpronomen *me*, *te* und *se* zu *m'*, *t'* und *s'*:
  Ils **s'**observent.   Sie beobachten **sich**.   Elle **s'**habille.   Sie zieht **sich** an.

Die Pronomen für *me* und *te* lauten im Imperativ *-moi* und *-toi*. Sie stehen hinter dem Verb und werden durch einen Bindestrich damit verbunden. Wenn man den Imperativ reflexiver Verben verneint, verwendet man die Pronomen *me* und *te* und stellt sie vor den Imperativ.
  Présente-**toi**.   Stell **dich** vor.   Ne **t'**énerve pas.   Reg **dich** nicht auf.

Einige Verben sind im Französischen reflexiv und im Deutschen nicht.
| aufstehen | **se** lever | heiraten | **se** marier | duschen | **se** doucher |
| heissen | **s'**appeler | baden | **se** baigner | spazieren | **se** promener |

Im Gegensatz zum Deutschen bilden die **verbes pronominaux** im Französischen das **passé composé** mit dem Hilfsverb **être**.
  Sie **hat** sich angezogen.   Elle s'**est** habillée.

Présent progressif

être	en train de	gerade dabei sein …
je **suis**	en train de …	ich bin gerade dabei …
tu **es**	en train de …	du bist gerade dabei …
il/elle/on **est**	en train de …	er/sie/man ist gerade dabei …
nous **sommes**	en train de …	wir sind gerade dabei …
vous **êtes**	en train de …	ihr seid gerade dabei …
ils/elles **sont**	en train de …	sie sind gerade dabei …

Das *présent progressif* drückt aus, dass etwas gerade geschieht. Die Formen setzen sich aus dem konjugierten Verbgefüge *être en train de* und einem Infinitiv zusammen.

Das **présent progressif** gibt es im Deutschen nicht. Man verwendet dafür Ausdrücke wie «gerade dabei sein, etwas zu tun» oder «drauf und dran sein, etwas zu tun».

Il **est en train de** copier sur elle.   Er ist **gerade dabei**, von ihr abzuschreiben.
On **est en train de** gagner.   Wir **sind drauf und dran**, zu gewinnen.

Participe présent und gérondif

Je voyageais seule pour aller retrouver ma maman chez des amis à Brême. **En entrant** dans le compartiment où j'avais ma couchette, je me suis retrouvée face à un mur, pardon, un joueur de handball tellement grand qu'il occupait tout l'espace pendant qu'il rangeait sa valise tout en haut des couchettes. Dans mon allemand un peu hésitant, je me suis excusée de le déranger pour passer, **croisant** son regard **en rougissant**, et **m'installant** aussi discrètement que possible sur ma couchette. Tout **en gardant** ses yeux noisette bien en mémoire…

| entrer | | hereinkommen |
| entr | -ant | hereinkommend |

Das *participe présent* kommt im Deutschen selten vor. Im Französischen verwendet man es vor allem in der schriftlichen Sprache. Alle Verben bilden das *participe présent* mit dem Stamm der 1. Person Plural Präsens und der Endung *-ant*.

Infinitiv: rougir erröten
1. Person Plural Präsens: nous **rougiss**ons wir erröten
Participe présent: **rougiss**ant errötend

m'installant sur ma couchette   mich auf meiner Couchette **einrichtend**
(pendant que je m'installais sur ma couchette)   (während ich mich auf meiner Couchette einrichtete)

Nur drei Verben bilden das **participe présent** anders.

| être sein | avoir haben | savoir wissen |
| étant | ayant | sachant |

Der *gérondif* drückt aus, dass zwei Handlungen des gleichen Subjekts gleichzeitig geschehen. Er setzt sich aus *en* und dem Partizip Präsens zusammen.

En entrant dans le compartiment, j'ai vu un homme.
Als ich ins Zugabteil **hereinkam**, habe ich einen Mann gesehen.

Zeitformen für die Vergangenheit
Temps des verbes du passé

Perfekt
Passé composé

mit *avoir*

écrire schreiben

j'	**ai**	écrit
tu	**as**	écrit
il/elle/on	**a**	écrit
nous	**avons**	écrit
vous	**avez**	écrit
ils/elles	**ont**	écrit

mit *être*

rester bleiben

je	**suis**	resté/-e
tu	**es**	resté/-e
il/elle/on	**est**	resté/-e
nous	**sommes**	resté-s/-es
vous	**êtes**	resté-s/-es
ils/elles	**sont**	resté-s/-es

Präteritum
Imparfait

j'	**écriv**ais
tu	**écriv**ais
il/elle/on	**écriv**ait
nous	**écriv**ions
vous	**écriv**iez
ils/elles	**écriv**aient

Plusquamperfekt
Plus-que-parfait

mit *avoir*

j'	**av**ais	écrit
tu	**av**ais	écrit
il/elle/on	**av**ait	écrit
nous	**av**ions	écrit
vous	**av**iez	écrit
ils/elles	**av**aient	écrit

mit *être*

j'	**ét**ais	resté/-e
tu	**ét**ais	resté/-e
il/elle/on	**ét**ait	resté/-e
nous	**ét**ions	resté-s/-es
vous	**ét**iez	resté-s/-es
ils/elles	**ét**aient	resté-s/-es

Partizip Perfekt
Participe passé

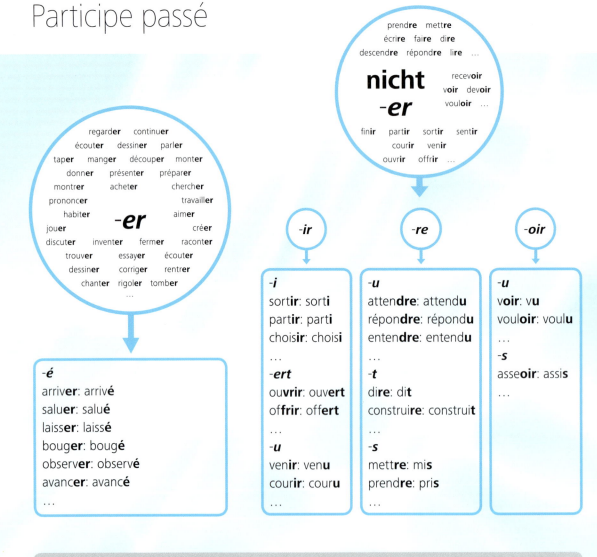

 Das *passé composé* und das *plus-que-parfait* bildet man mit einem Hilfsverb und dem *participe passé*. Dieses ist je nach Konjugationsart unterschiedlich.

Die Verben auf *-er* sind am häufigsten. Es sind mehr als 5000. Sie haben alle die gleiche Endung im *participe passé*.

Es gibt weniger als 500 Verben mit der Infinitivendung *-ir*, *-re* oder *-oir*. Sie haben verschiedene Endungen im *participe passé*.

Verb › Zeitformen für die Vergangenheit

Je m'en souviens parce que j'avais sorti mon pain au chocolat et un jus d'orange en me disant: «Miam, encore deux heures de liberté et de tranquillité!». J'écoutais de la bonne musique, les pieds posés sur la banquette. J'ai l'habitude de voyager seule depuis que j'ai dix ans. Mon père vit à St-Gall. J'essaie toujours d'avoir une place près de la fenêtre. Quand la vieille est arrivée, je ne l'ai pas saluée. Pas envie. J'ai laissé mes affaires sur la tablette et j'ai plongé la tête dans mon magazine. La vieille n'a pas ouvert la bouche, elle a mis ses mains en croix sur sa jupe. De Berne à Zurich, elle n'a pas bougé d'un millimètre. Une vraie statue! Je commençais à trouver ça bizarre, au point que je n'arrivais plus à me concentrer... J'ai observé son reflet dans la vitre. Elle avait un air vif et pénétrant.
Tout à coup, elle a avancé son visage et m'a pris la main:
– Viens, ma petite, je vais te lire l'avenir.

Für die Bildung des *participe passé* hängt man eine Endung an den Stamm.
» **Die Endung von *-er*-Verben ist *-é*.**
» **Die Endung von *-ir*, *-re* und *-oir*-Verben ist *-i*, *-ert*, *-u*, *-t* oder *-s*.**

Verwendet man das Partizip Perfekt im *passé composé* oder im *plus-que-parfait* mit dem Hilfsverb *être*, gleicht es sich in Geschlecht und Zahl dem Subjekt an.

	m	f	
sg	Je suis tombé.	Je suis tombée.	Ich bin heruntergefallen.
	Tu étais parti.	Tu étais partie.	Du warst weggefahren.
	Il est rentré.	Elle est rentrée.	Er / Sie ist heimgekommen.
pl	Nous étions tombés.	Nous étions tombées.	Wir waren heruntergefallen.
	Vous êtes partis.	Vous êtes parties.	Ihr seid weggefahren.
	Ils sont rentrés.	Elles sont rentrées.	Sie sind heimgekommen.

Verwendet man das Partizip Perfekt im *passé composé* oder im *plus-que-parfait* mit dem Hilfsverb *avoir*, gleicht es sich dem Subjekt nicht an. Steht vor dem Partizip Perfekt jedoch ein **complément d'objet direct (COD)**, so passt es sich in Geschlecht und Zahl dem **COD** an.
   Je l'ai saluée.   Ich habe sie gegrüsst.

Einige Verben verkürzen oder verändern ihren Stamm.

avoir haben	**être** sein	**prendre** nehmen	**boire** trinken	**connaître** kennen
j'ai eu	j'ai été	j'ai pris	j'ai bu	j'ai connu

rire lachen	**mettre** stellen, legen	**pouvoir** können	**savoir** wissen
j'ai ri	j'ai mis	j'ai pu	j'ai su

Perfekt
Passé composé

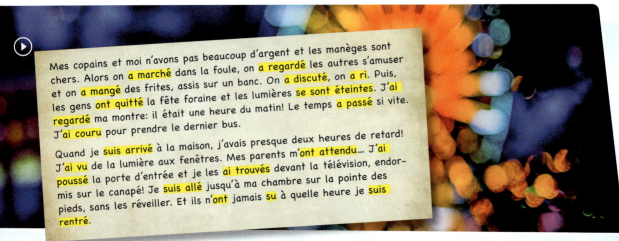

Mes copains et moi n'avons pas beaucoup d'argent et les manèges sont chers. Alors on a marché dans la foule, on a regardé les autres s'amuser et on a mangé des frites, assis sur un banc. On a discuté, on a ri. Puis, les gens ont quitté la fête foraine et les lumières se sont éteintes. J'ai regardé ma montre: il était une heure du matin! Le temps a passé si vite. J'ai couru pour prendre le dernier bus.

Quand je suis arrivé à la maison, j'avais presque deux heures de retard! J'ai vu de la lumière aux fenêtres. Mes parents m'ont attendu... J'ai poussé la porte d'entrée et je les ai trouvés devant la télévision, endormis sur le canapé! Je suis allé jusqu'à ma chambre sur la pointe des pieds, sans les réveiller. Et ils n'ont jamais su à quelle heure je suis rentré.

> Das *passé composé* setzt sich aus dem Hilfsverb *avoir* oder *être* und dem Partizip Perfekt zusammen.

61, 66

Die meisten Verben konjugiert man mit dem Hilfsverb **avoir** («haben»).

Einige Verben konjugiert man im Deutschen und im Französischen mit dem Hilfsverb ***être*** («sein»).

entrer	hineinkommen/eintreten	tomber	fallen
arriver	ankommen	partir	wegfahren/weggehen
monter	hochgehen/einsteigen	sortir	ausgehen/weggehen
rester	bleiben	venir	kommen
rentrer	nach Hause gehen/heimkommen	descendre	hinuntergehen/aussteigen
aller	gehen	...	

Mit dem Hilfsverb *être* passt sich das Partizip Perfekt dem Subjekt in Geschlecht und Zahl an.

67

Einige Verben konjugiert man im Deutschen mit «sein», im Französischen hingegen mit *avoir*.

Die Zeit **ist** schnell vergangen.	Le temps **a** passé vite.
Ich **bin** ungeschickt gewesen.	J'**ai** été maladroite/-e.
Ich **bin** gerannt, um den Bus zu erwischen.	J'**ai** couru pour prendre le bus.

Die reflexiven Verben konjugiert man im Deutschen mit «haben», im Französischen mit *être*.

62

sich waschen:	Sie **hat sich** gewaschen.	se laver:	Elle **s'est** lavée.
sich täuschen:	Ihr **habt euch** getäuscht.	se tromper:	Vous **vous êtes** trompés.

Plusquamperfekt
Plus-que-parfait

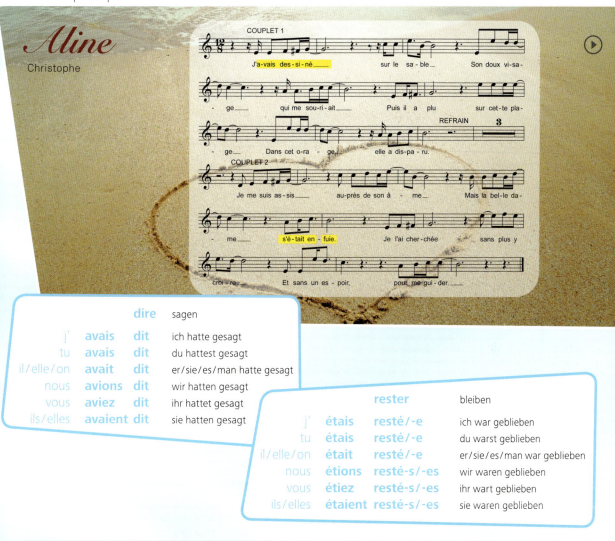

	dire		sagen
j'	avais	dit	ich hatte gesagt
tu	avais	dit	du hattest gesagt
il/elle/on	avait	dit	er/sie/es/man hatte gesagt
nous	avions	dit	wir hatten gesagt
vous	aviez	dit	ihr hattet gesagt
ils/elles	avaient	dit	sie hatten gesagt

	rester		bleiben
j'	étais	resté/-e	ich war geblieben
tu	étais	resté/-e	du warst geblieben
il/elle/on	était	resté/-e	er/sie/es/man war geblieben
nous	étions	resté-s/-es	wir waren geblieben
vous	étiez	resté-s/-es	ihr wart geblieben
ils/elles	étaient	resté-s/-es	sie waren geblieben

Das *plus-que-parfait* setzt sich aus dem Hilfsverb *avoir* oder *être* im *imparfait* und dem Partizip Perfekt zusammen.

Die Verben, die das *passé composé* mit *avoir* bilden, bilden auch das *plus-que-parfait* mit *avoir*.
  J'**avais** dessiné son visage.   Ich **hatte** ihr Gesicht gezeichnet.

Die Verben, die das *passé composé* mit *être* bilden, bilden auch das *plus-que-parfait* mit *être*.
  Elle s'**était** enfuie.   Sie **war** geflüchtet.

Präteritum
Imparfait

Surprise! Après 10 minutes il revenait dans le compartiment. Il était juste parti fumer en douce une cigarette dans un compartiment fumeur (là encore, 1991!). Nos regards se sont croisés de nouveau, et il m'a demandé: «What are you listening to?». Il adorait aussi les Scorpions, et m'a emprunté mine de rien un écouteur tout en s'appuyant sur le bord de la couchette. Send me an Angel. Still loving you. Et nous voilà en train de nous embrasser sans même avoir encore échangé nos prénoms. 8 heures plus tard, je savais qu'il s'appelait Stefan, qu'il avait 18 ans et que son père vivait à Bâle alors que sa mère était à Brême, et qu'il rentrait après les vacances.

	Stamm	Endung	
	savoir		wissen
je	**sav**	**-ais**	ich wusste
tu	**sav**	**-ais**	du wusstest
il/elle/on	**sav**	**-ait**	er/sie/es/man wusste
nous	**sav**	**-ions**	wir wussten
vous	**sav**	**-iez**	ihr wusstet
ils/elles	**sav**	**-aient**	sie wussten

> Das *imparfait* setzt sich aus dem Stamm der 1. Person Plural im Präsens und den Endungen *-ais*, *-ais*, *-ait*, *-ions*, *-iez*, *-aient* zusammen.

Infinitiv: savoir wissen
1. Person Plural Präsens: nous **sav**ons wir wissen
1. Person Singular Präteritum: je **sav**ais ich wusste

Das *imparfait* des Verbs *être* bildet man anders.

être sein			
j'	étais	nous	étions
tu	étais	vous	étiez
il/elle/on	était	ils/elles	étaient

Das *imparfait* verwendet man im Französischen auch für eine Bedingung oder den **style indirect**. Im Deutschen braucht man dafür den Konjunktiv.

Bedingung:
Wenn sie den Zug nicht genommen **hätte**, dann …   Si elle n'**avait** pas pris le train, …

Style indirect:
Er sagte mir, dass er Stefan **heisse**.   Il m'a dit qu'il **s'appelait** Stefan.

Verwendung von *passé composé* und *imparfait*

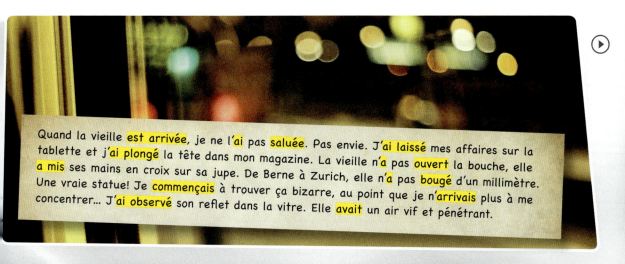

Quand la vieille est arrivée, je ne l'ai pas saluée. Pas envie. J'ai laissé mes affaires sur la tablette et j'ai plongé la tête dans mon magazine. La vieille n'a pas ouvert la bouche, elle a mis ses mains en croix sur sa jupe. De Berne à Zurich, elle n'a pas bougé d'un millimètre. Une vraie statue! Je commençais à trouver ça bizarre, au point que je n'arrivais plus à me concentrer… J'ai observé son reflet dans la vitre. Elle avait un air vif et pénétrant.

Im Französischen gelten für die Verwendung des *passé composé* und des *imparfait* andere Regeln als im Deutschen.

Das **passé composé** und das **imparfait** beschreiben Zustände und Handlungen in der Vergangenheit. Je nach Situation verwendet man die eine oder die andere Zeitform.

Imparfait	*Passé composé*
Das **imparfait** eignet sich eher für Beschreibungen.	Das **passé composé** eignet sich eher für Erzählungen.

Man erfährt nicht, wann eine Handlung beginnt und aufhört. Es wird ein Zustand gezeigt.
   Elle avait un air vif.
   Sie sah wach aus.
	Man erfährt, wann eine Handlung beginnt oder aufhört. Die Handlung wird als etwas Abgeschlossenes gezeigt.
	   Quand la vieille est arrivée, je ne l'ai pas saluée.
	   Als die Alte angekommen ist, habe ich sie nicht gegrüsst.

Mit dem **imparfait** wirft man einen Blick in die Vergangenheit wie auf ein Gemälde. Mehrere Handlungen geschehen gleichzeitig, verschiedene Zustände bestehen nebeneinander.
   Je commençais à trouver ça bizarre, au point que je n'arrivais plus à me concentrer.
   Ich fing an, das Ganze merkwürdig zu finden, so dass ich mich nicht mehr konzentrieren konnte.
	Mit dem **passé composé** kann man die Abfolge verschiedener Ereignisse zeigen.
	   J'ai laissé mes affaires sur la tablette et j'ai plongé la tête dans mon magazine.
	   Ich liess meine Sachen auf der Ablage und ich vertiefte mich in mein Heft.

Passé récent und passé simple

Im Französischen gibt es zwei Zeitformen mehr als im Deutschen, um die Vergangenheit auszudrücken: das **passé récent** und das **passé simple**.

Passé récent

		dire	sagen
je	viens de	dire	ich habe soeben gesagt
tu	viens de	dire	du hast soeben gesagt
il/elle/on	vient de	dire	er/sie/es/man hat soeben gesagt
nous	venons de	dire	wir haben soeben gesagt
vous	venez de	dire	ihr habt soeben gesagt
ils/elles	viennent de	dire	sie haben soeben gesagt

 58

Mit dem *passé récent* drückt man aus, dass etwas gerade erst geschehen ist. Es setzt sich aus der konjugierten Form der Struktur *venir de* und einem Verb im Infinitiv zusammen.

Im Deutschen verwendet man Ausdrücke wie «soeben» oder «eben erst», um auszudrücken, dass etwas gerade erst geschehen ist.

Il **vient de** partir.   Er **ist soeben** gegangen.   On **venait d'**arriver.   Wir **waren eben erst** angekommen.

Passé simple

● **Le 20 juillet 1969 : une date à retenir !**

Le 16 juillet était partie la mission *Apollo 11*, constituée d'un équipage de trois astronautes : Michael Collins, Buzz Aldrin et Neil Amstrong. Après quatre jours de voyage, le module lunaire, dans lequel avaient pris place ces deux derniers, se posa sur la mer de la Tranquillité. Les astronautes effectuèrent alors une excursion de 2h30 sur la Lune, y plantèrent le drapeau américain, et récoltèrent 22 kg d'échantillons de roches. L'expédition fut retransmise à la télévision pour 600 millions de téléspectateurs, provoquant une immense émotion : c'était la première fois que des hommes foulaient un sol extraterrestre !

Das *passé simple* gibt es im Deutschen nicht. Im Französischen verwendet man es vor allem in der schriftlichen Sprache. Man erkennt es bei *-er*-Verben an den Endungen *-ai*, *-as*, *-a*, *-âmes*, *-âtes*, *-èrent* und bei Verben auf *-ir-*, *-re-* und *-oir-* an den Endungen *-is*, *-is*, *-it*, *-îmes*, *-îtes*, *-irent*. Man übersetzt es im Deutschen mit dem Perfekt oder dem Präteritum.

Relativ häufig gebrauchte Formen des *passé simple*:

avoir:	il eut, ils eurent	er hatte, sie hatte gehabt	être:	ce fut, elles furent	das war, sie sind gewesen
faire:	on fit, ils firent	man machte, sie haben gemacht	voir:	elle vit, ils virent	sie hat gesehen, sie sahen
pouvoir:	on put, elles purent	man konnte, sie konnten	devoir:	il dut, ils durent	er musste, sie mussten

Zeitformen für die Zukunft
Temps des verbes du futur

Futur
Futur simple

	écouter	zuhören
j'	écouter	-ai
tu	écouter	-as
il/elle/on	écouter	-a
nous	écouter	-ons
vous	écouter	-ez
ils/elles	écouter	-ont

Nahe Zukunft
Futur composé

je	vais	écouter
tu	vas	écouter
il/elle/on	va	écouter
nous	allons	écouter
vous	allez	écouter
ils/elles	vont	écouter

Futur
Futur simple

On ira
Jean-Jacques Goldman

	chercher		suchen
je	chercher	-ai	ich werde suchen
tu	chercher	-as	du wirst suchen
il/elle/on	chercher	-a	er/sie/es/man wird suchen
nous	chercher	-ons	wir werden suchen
vous	chercher	-ez	ihr werdet suchen
ils/elles	chercher	-ont	sie werden suchen

Das *futur simple* setzt sich aus dem Infinitiv und den Endungen *-ai*, *-as*, *-a*, *-ons*, *-ez*, *-ont* zusammen.

Verben auf *-er*, die ihren Stamm im Präsens Singular verändern, ändern ihn auch im *futur simple*.

se l**e**ver: on se l**è**ve, on se l**è**vera   aufstehen: wir stehen auf, wir werden aufstehen

Verben auf *-re* bilden das *futur simple* ohne das *-e* der Infinitivendung.

di**re**:   on di**ra**   sagen: wir werden sagen

Bei einigen Verben lässt sich das *futur simple* nicht von der Infinitivform ableiten.

avoir haben	**être** sein	**aller** gehen	**faire** machen	**venir** kommen
j'aurai	je serai	j'irai	je ferai	je viendrai

voir sehen	**savoir** wissen	**vouloir** wollen	**pouvoir** können
je verrai	je saurai	je voudrai	je pourrai

Nahe Zukunft
Futur composé

		arriver	ankommen
je	vais	arriver	ich komme gleich an
tu	vas	arriver	du kommst gleich an
il/elle/on	va	arriver	er/sie/es/man kommt gleich an
nous	allons	arriver	wir kommen gleich an
vous	allez	arriver	ihr kommt gleich an
ils/elles	vont	arriver	sie kommen gleich an

Im Französischen gibt es eine Zeitform mehr als im Deutschen, um die Zukunft auszudrücken. Das *futur composé* drückt aus, dass etwas in der nahen Zukunft geschieht und wird deshalb auch «Nahe Zukunft» genannt. Es setzt sich aus der konjugierten Form des Hilfsverbs *aller* und einem Verb im Infinitiv zusammen.

Das *futur composé* verwendet man vor allem in der mündlichen Sprache. Um auszudrücken, dass etwas bald geschieht, verwendet man im Deutschen Ausdrücke wie «gleich» oder «sogleich».

| On **va toucher** la prime. | Wir **werden sogleich** die Belohnung erhalten. |
| Nous **allons faire** une interro. | Wir **machen gleich** einen Test. |

Conditionnel
Conditionnel

	donner		geben
je	donner	-ais	ich würde geben
tu	donner	-ais	du würdest geben
il/elle/on	donner	-ait	er/sie/es/man würde geben
nous	donner	-ions	wir würden geben
vous	donner	-iez	ihr würdet geben
ils/elles	donner	-aient	sie würden geben

Das *conditionnel* setzt sich aus dem Infinitiv und den Endungen *-ais*, *-ais*, *-ait*, *-ions*, *-iez*, *-aient* zusammen.

Verben auf *-er*, die ihren Stamm im Präsens Singular ändern, ändern ihn auch im *conditionnel*.
appeler: je t'appellerais   anrufen: ich würde dich anrufen

Verben auf *-re* bilden das *conditionnel* ohne das *-e* der Infinitivendung.
dire: on dirait   sagen: man würde sagen

Verben, die ihren Stamm im *futur simple* ändern, ändern ihn auch im *conditionnel*.

Das *conditionnel passé* bildet man wie im Deutschen: Man konjugiert die Hilfsverben *être* und *avoir* im *conditionnel* und fügt ein Partizip Perfekt hinzu.
j'aurais voulu   ich hätte gewollt
ils seraient allés   sie wären gegangen

Verb › **Aussageweisen** **77**

Si j'étais

Si j'étais un oiseau,
Je volerais au milieu des corbeaux,
Je n'aimerais pas être un moineau
Et je foncerais contre tous les poteaux.

Si j'étais une souris,
Je ne partirais pas en colonie,
Je resterais polie
Et je demeurerais à Paris.

Si j'étais un cocotier,
Je ne traverserais pas le monde entier,
Je travaillerais comme un charpentier sur un chantier
Et je mangerais tous les pâtés.

Mais c'est raté!

Stefania M. et Lorena

**Mit *si* («wenn», «falls») drückt man eine Bedingung aus.
Im Deutschen steht nach «wenn» das Präsens oder eine Form des Konjunktivs.
Im Französischen steht nach *si* nie das *conditionnel*, sondern das *présent*,
das *imparfait* oder das *plus-que-parfait*.**

69, 70

Si tu veux, je peux t'aider.	**Wenn du willst, kann ich** dir helfen.
Si j'étais un oiseau, **je volerais** au milieu des corbeaux.	**Wenn ich** ein Vogel **wäre, würde** ich inmitten der Raben **fliegen**.

Mit **si** kann man auch einen Wunsch ausdrücken. Dann ergänzt man **si** häufig mit **seulement** («nur»).

Si seulement j'étais une souris…   **Wenn ich doch nur** eine Maus **wäre**…

Subjonctif

> Die Verbform des *subjonctif* verwendet man in einem Nebensatz, wenn dieser mit *que* («dass») eingeleitet ist und wenn im Hauptsatz Verben oder Ausdrücke stehen, die etwas Subjektives oder Persönliches ausdrücken. Auch auf bestimmte Konjunktionen folgt der *subjonctif*.

Häufig gebrauchte Verben, die den **subjonctif** auslösen:

» Gefühle (Verwunderung, Belustigung, Freude, Bedauern, Empörung, Angst …)

Cela m'étonne que tu saches tout cela.	Es wundert mich, **dass** du das alles weisst.
Je trouve bizarre que vous ne disiez rien.	Ich finde es seltsam, **dass** ihr nichts sagt.
Ils sont contents qu'elle soit là.	Sie sind zufrieden, **dass** sie da ist.

» Wünsche (Wille, Forderung, Verbot …)

Ils aimeraient qu'il vienne.	Sie möchten, **dass** er käme.
Il faut qu'il fasse jour.	**Es muss** hell sein.
Je ne veux pas que vous restiez.	Ich will nicht, **dass** ihr bleibt.

» Meinungen (Stellungnahmen, Wertungen …)

Elle préfère qu'on lui dise la vérité.	Sie zieht es vor, **dass** man ihr die Wahrheit sagt.
Ils trouvent dommage qu'il ait perdu.	Sie finden es schade, **dass** er verloren hat.

» Zweifel, Ungewissheit

Je ne pense pas que ce soit une bonne idée.	Ich denke nicht, **dass** das eine gute Idee ist.
Il est possible que ce soit juste.	Es ist möglich, **dass** das stimmt.

Häufig gebrauchte Konjunktionen, die den **subjonctif** auslösen:

avant que	bevor	jusqu'à ce que	bis
sans que	ohne dass	bien que	obwohl
pour que	damit	à condition que	unter der Bedingung dass

Verb › Aussageweisen

Aline — Christophe

REFRAIN
Et j'ai cri-é___ cri-é___ A-li-ne pour qu'elle re-vienne. Et j'ai pleu-ré___ pleu-ré___ oh! J'a-vais trop de peine.

revenir		zurückkommen
pour que je **revienn**	**-e**	damit ich zurückkomme
pour que tu **revienn**	**-es**	damit du zurückkommst
pour qu'il/elle/on **revienn**	**-e**	damit er/sie/es/man zurückkommt
pour que nous **reven**	**-ions**	damit wir zurückkommen
pour que vous **reven**	**-iez**	damit ihr zurückkommt
pour qu'ils/elles **revienn**	**-ent**	damit sie zurückkommen

Bestimmte **subjonctif**-Formen sind mit den Indikativ-Formen identisch.

Verben auf **-er**.
j'écout**e**, que j'écout**e**
tu écout**es**, que tu écout**es**
il écout**e**, qu'il écout**e**
ils écout**ent**, qu'ils écout**ent**

Verben auf **-ir**, **-re**, **-oir**.
ils lis**ent**, qu'ils lis**ent**

Bildung des **subjonctif**:

Die Formen für **je**, **tu**, **il**, **elle**, **on** und **ils**, **elles** setzen sich aus dem Stamm der 3. Person Plural aus dem Präsens Indikativ und den Endungen **-e**, **-es**, **-e**, **-ent** zusammen.

   ils reviennent → revienn- → que je revienne

Die Formen für **nous** und **vous** setzen sich aus dem Stamm der 1. Person Plural aus dem Präsens Indikativ und den Endungen **-ions**, **-iez** zusammen.

   nous revenons → reven- → que vous reveniez

Bei einigen Verben bildet man den **subjonctif** anders.

être sein	
que je	sois
que tu	sois
qu'il/qu'elle/qu'on	soit
que nous	soyons
que vous	soyez
qu'ils/qu'elles	soient

avoir haben	
que j'	aie
que tu	aies
qu'il/qu'elle/qu'on	ait
que nous	ayons
que vous	ayez
qu'ils/qu'elles	aient

aller gehen	
que j'	aille
que tu	ailles
qu'il/qu'elle/qu'on	aille
que nous	allions
que vous	alliez
qu'ils/qu'elles	aillent

faire machen
que je fasse
…

vouloir wollen
que je veuille
…

savoir wissen
que je sache
…

pouvoir können
que je puisse
…

Imperativ
Impératif

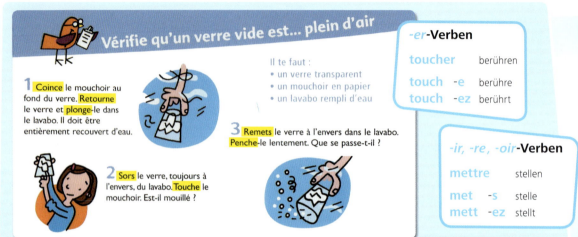

Die Imperativform der **-er**-Verben endet im Singular auf **-e**. Die Imperativformen der **-ir**, **-re**, **-oir**-Verben enden im Singular auf **-s**. Im Plural enden die Formen auf **-ez**.

| Ecout**e**. | Hör zu! | Ecout**ez**. | Hört zu! |
| Attend**s**. | Warte! | Attend**ez**. | Wartet! |

Den Imperativ gibt es im Französischen auch für die 1. Person Plural.

    Ecout**ons**.   Lasst uns zuhören.

Dire und **faire** bilden die Imperativform im Plural auf **-es**.

    Dit**es**.   Sagt.   Fait**es**.   Macht.

Bei einigen Verben verändert sich der Stamm.

savoir wissen	**avoir** haben	**être** sein
sache	aie	sois
sachez	ayez	soyez

Verwendet man mit der Imperativform ein Personalpronomen, so stehen die starken Formen der Personalpronomen hinter der Imperativform. Zwischen dem Verb und dem Pronomen steht ein Bindestrich.

    Donne-**moi** le verre.   Gib **mir** das Glas.

Verneint man den Imperativ, verwendet man die schwachen Formen der Personalpronomen und stellt sie vor den Imperativ.

    Ne **le lui** donne pas.   Gib **es ihm/ihr** nicht.

Wenn auf den Imperativ der Verben auf **-er** das Pronomen **en** oder **y** folgt, ergänzt man die Imperativform mit einem **-s**.

    Va**s**-**y**.   Los!

Aktiv und Passiv
Voix active et voix passive

Vol autour de la Lune
Dirigée par un pilote, la petite capsule spatiale fait un tour complet de la Lune. Elle s'approche à moins de 100 kilomètres de la surface de la Lune et propose un «lever de Terre». Un petit tour par la station ISS (International Space Station) est également envisagé, avant de retourner sur Terre.

La voiture autonome
Bref, la science-fiction risque de devenir réelle plus vite que prévu. Mais en Europe, les voitures sans chauffeur sont interdites sur la route (pour l'instant). Certains Etats des Etats-Unis ont pourtant déjà adapté leur législation.

On peut plier les autos
Cette idée est actuellement développée par une équipe de recherche américaine. On voit le modèle dans des expos, pas encore dans la rue.

> Ein Satz steht im Aktiv, wenn das Subjekt «aktiv» handelt. Die gleiche Aussage kann im Passiv stehen, wenn der Satz ein *complément d'objet direct* (COD) enthält. Dabei wird das COD des aktiven Satzes zum neuen Subjekt.

a) aktiv:
   On développe des autos pliables.   Man entwickelt zusammenklappbare Autos.
b) passiv:
   Des autos pliables **sont développées**.   Zusammenklappbare Autos **werden entwickelt**.

In Satz a) ist **des autos pliables** das **COD** des Satzes, in Satz b) ist es das Subjekt.

Das Passiv bildet man mit dem Hilfsverb **être** und dem Partizip Perfekt. Es kann in allen Zeiten vorkommen. Das Partizip Perfekt passt sich in Geschlecht und Zahl dem Subjekt an.
   Les voitures sans chauffeur sont interdit**es**.   Die Autos ohne Chauffeur sind verboten.
   Cette idée est actuellement dévelopр**ée**.   Diese Idee wird momentan entwickelt.
Wenn man die handelnde Person angibt, benutzt man in der Regel die Präposition **par**.
   Elle est développée **par une équipe de recherche**.   Sie wird **von einem Forschungsteam** entwickelt.

Im Deutschen verwendet man für das Passiv die Hilfsverben «werden» oder «sein».
Im Französischen verwendet man immer **être** («sein»).
Im Deutschen verwendet man das Passiv häufiger als im Französischen. Im Französischen benutzt man eher aktive Wendungen mit **on**, eine Wendung mit einem reflexiven Verb oder **se faire** mit einem Infinitiv.
   Die Autos können gefaltet werden.   On peut plier les autos.
   Das wird recycled.   Ça se recycle.
   Du bist erwischt worden.   Tu t'es fait attraper.

Sujet, complément d'objet direct (COD) und complément d'objet indirect (COI)

Zut! se dit Marta, qui tient beaucoup à son originalité de vache orange, si toutes les autres vaches font de la bicyclette, il va falloir trouver autre chose. Et c'est alors que dans le ciel passe une montgolfière.

> Das Subjekt (*sujet*) ist ein Wort oder eine Wortgruppe, mit der man die Person oder die Sache angibt, die die Handlung ausführt («wer» oder «was»?).

Das Subjekt steht in der Regel vor dem konjugierten Verb.

Marta est une vache orange.   **Marta** ist eine orange Kuh.

Zum Subjekt und Verb können Ergänzungen hinzukommen.

> Wenn eine Ergänzung direkt auf das Verb folgt, ist sie ein *complément d'objet direct* (COD).

Elle trouve **autre chose**.   Sie findet **etwas anderes**.

> Wenn eine Ergänzung nicht direkt auf das Verb folgt, ist sie ein *complément d'objet indirect* (COI).

Elle tient **à son originalité**.   Sie hängt **an ihrer Originalität**.
Elle rêve **d'une bicyclette**.   Sie träumt **von einem Fahrrad**.

Wenn ein Verb zwei Ergänzungen hat, steht im Deutschen das Dativobjekt in der Regel vor dem Akkusativobjekt. Im Französischen hingegen steht das **COD** vor dem **COI**.

Die Kühe schreiben **Marta einen Brief**.   Les vaches écrivent **une lettre à Marta**.
                                                                   COD   COI

Satz › **Satzbau**

Viele Sprachen – viele Möglichkeiten: Satzbau

Die verschiedenen Sprachen haben nicht die gleiche Anzahl Wörter für ein und dieselbe Information.

Shqip Albanisch	**Unë** Subjekt	**nuk** Negation	**mund** verbaler Teil	**të** verbaler Teil	**dëgjoni** verbaler Teil	**shumë** Verstärker +	**mirë.** Adverbiale
Việt Vietnamesisch	**Tôi** Subjekt	**không** Negation	**thể** verbaler Teil	**nghe** verbaler Teil	**rất** verbaler Teil	**rất** Verstärker +	**thấy.** Adverbiale
Français Französisch	**Je** Subjekt	**n'** Negation	**entends** verbaler Teil	**pas** Negation	**très** Verstärker	**bien.** Adverbiale	
Deutsch	**Ich** Subjekt	**kann** verbaler Teil	**nicht** Negation	**sehr** Verstärker	**gut** Adverbiale	**hören.** verbaler Teil	
English Englisch	**I** Subjekt	**can't** verbaler Teil + Negation	**hear** verbaler Teil	**very** Verstärker	**well.** Adverbiale		
Türkçe Türkisch	**Ben** Subjekt	**çok** Verstärker	**iyi** Adverbiale	**duyamıyorum.** verbaler Teil + Negation + verbaler Teil			
Inuktitut Inuit-Sprache	ᑐᓵᑦᓯᐊᕈᓐᓇᖕᖏᑦᑐᐊᓗᔪᖓ **Tusaatsiarunnanngittualuujunga.** verbaler Teil + Adverbiale + verbaler Teil + Negation + Verstärker + Subjekt						

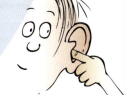

Duyamıyorum

Welche Informationen enthält das türkische Wort «duyamıyorum»?

Objekte D/F

«Je le dis   à un copain   de mon frère.»
«Ich sage es   einem Freund   meines Bruders.»

Die Informationen «wem» und «wessen» kann man durch Präpositionen oder Endungen am Begleiter und am Nomen ausdrücken.

Wie ist es im Französischen und im Deutschen?

Anzahl Wörter

Je nach Sprache hängt man bestimmte Informationen direkt an ein Wort an oder man drückt sie mit separaten Wörtern aus.

So enthalten Sätze mit denselben Informationen in verschiedenen Sprachen unterschiedlich viele Wörter.

Wie viele sind es für die Sprachen in der Tabelle?

Subjekt

Mit welchem Satzglied beginnt der Satz in den meisten Sprachen?

Wie ist es in der Inuit-Sprache?

Haupt- und Nebensatz
Proposition principale et proposition subordonnée

«What are you listening to?». Il adorait aussi les Scorpions, et m'a emprunté mine de rien un écouteur tout en s'appuyant sur le bord de la couchette. Send me an Angel. Still loving you. Et nous voilà en train de nous embrasser sans même avoir encore échangé nos prénoms. 8 heures plus tard, je savais qu'il s'appelait Stefan, qu'il avait 18 ans et que son père vivait à Bâle alors que sa mère était à Brême, et qu'il rentrait après les vacances.

L'histoire a duré presque 3 ans, pour devenir une romance épistolaire. Nous n'avons réussi à nous revoir qu'une fois. Puis nous avons suivi notre voie chacun de son côté.

Mais que de beaux souvenirs, et je garde une tendresse pour la langue de Goethe que je trouve depuis très romantique!

> Wie im Deutschen gibt es im Französischen Hauptsätze *(propositions principales)* und Nebensätze *(propositions subordonnées)*.

Man verbindet Haupt- und Nebensätze mit einer Konjunktion.

    Je savais **qu'**il s'appelait Stefan.   Ich wusste, **dass** er Stefan heisst.

Wenn das Subjekt im Haupt- und Nebensatz dasselbe ist, wird aus dem Nebensatz häufig ein Infinitivsatz.

    Ils s'embrassent sans **se connaître**.   **Sie** küssen sich, ohne **sich** zu **kennen**.

Im Deutschen steht das konjugierte Verb im Nebensatz am Ende, im Französischen bleibt die Satzstellung im Haupt- und im Nebensatz gleich. Im Deutschen trennt man den Haupt- und den Nebensatz durch ein Komma, im Französischen nicht.

    Er **hiess** Stefan.   Il **s'appelait** Stefan.
    Ich wusste**,** dass er Stefan **hiess**.   Je savais qu'il **s'appelait** Stefan.

Konjunktionen
Conjonctions

J'ai toujours rêvé de monter mon cheval sans selle. Ceci est assez dangereux, je pense **que c'est pour cela que** je n'osais pas avant. Mais mercredi dernier, je me suis enfin décidée. Après mon cours d'équitation je vais enlever ma selle! Pendant toute la leçon j'angoissais. J'appréhendais la fin du cours **car**, bien sûr, j'avais peur **mais** en même temps j'étais très excitée. Je voulais vraiment essayer.

Alors, **quand** la fin du cours est arrivée, je suis descendue de mon cheval **et** mon professeur m'a aidée à enlever la selle. Je me suis ensuite rapprochée de l'escabeau pour grimper sur le dos de l'animal. Je comptais jusqu'à trois **et** sautais sur ma monture. A ma plus grande joie, mon cheval n'a pas bougé du tout. C'était la première fois pour lui aussi.

Konjunktionen verbinden Haupt- und Nebensätze miteinander.

Hauptsatz + Hauptsatz		Hauptsatz + Nebensatz			
		Indikativ		*subjonctif*	
et	und	que	dass	que	dass
ou	oder	quand	als	avant que	bevor
mais	aber	comme	da	pour que	damit
donc	also	si	wenn, ob	bien que	obwohl
car	denn	parce que	weil	...	
...		après que	nachdem		
		c'est pour cela que	deshalb		
		...			

Einige Konjunktionen verbinden zwei Hauptsätze miteinander.
  J'avais peur **mais** j'étais aussi excitée.
  Ich hatte Angst, **aber** ich war auch aufgeregt.

Einige Konjunktionen verbinden einen Hauptsatz mit einem Nebensatz.
  Quand la fin du cours est arrivée, je suis descendue de mon cheval.
  Als die Stunde vorbei war, bin ich von meinem Pferd gestiegen.

Nach einigen Konjunktionen steht das Verb des Nebensatzes im ***subjonctif***.
  Je suis montée à cheval sans selle **bien que** cela **soit** dangereux.
  Ich bin ohne Sattel geritten, **obwohl** es gefährlich ist.

Verneinung
Négation

LA BARRIQUE: **Capitaine Colomb, Capitaine Colomb… nos réserves! Nous n'avons plus de pain…**

UN MARIN: **Ni même des biscottes!**

LA BARRIQUE: **Ne faudrait-il pas songer à rentrer à la maison?**

CHRISTOPHE COLOMB: **Non, matelot. Nous n'abandonnons pas si près du but.**

Eine Verneinung besteht aus den zwei Teilen *ne* + einer Ergänzung. *Ne* steht vor dem konjugierten Verb, die Ergänzung steht danach.

ne + Ergänzung	
ne… pas	nicht
ne… rien	nichts
ne… plus	nicht mehr
ne… jamais	nie
ne… personne	niemand
ne… nulle part	nirgends, nirgendwo
ne… ni… ni	weder … noch
ne… que	…nur, erst
ne… aucun/-e	kein einziger/keine einzige

Ne wird in der mündlichen Sprache oft gar nicht oder kaum ausgesprochen.
Geschrieben: Gesprochen:
Ce **n'**est **pas** l'Amérique!   C'est **pas** l'Amérique!
Je **n'**aime **pas** trop.   J'aime **pas** trop.

Ne wird zu *n'*, wenn das darauffolgende Wort mit einem Vokal oder mit einem *h*- beginnt.
   Nous **n'**avons **plus** de pain.   Wir haben **kein** Brot **mehr**.

Vor einem Infinitiv stehen die beiden Verneinungswörter nebeneinander.
   Ne pas toucher, s'il vous plaît.   Bitte **nicht** berühren.

Bei einer Inversionsfrage mit einem Pronomen steht das zweite Verneinungswort nach dem Subjekt.
   Ne faudrait-il **pas** rentrer à la maison?   Sollten wir **nicht** nach Hause fahren?

Viele Verneinungen kann man mit **encore, du tout**… ergänzen.
   Je **ne** connais **pas encore** l'Amérique.   Ich kenne Amerika **noch nicht**.
   Christophe Colomb **ne** veut **pas du tout** rentrer.   Christoph Kolumbus will **gar nicht** zurückfahren.

Im Deutschen steht vor Nomen «kein-». Im Französischen steht **ne … pas de**….
   Wir haben **keine** Schokolade.   Nous **n'**avons **pas de** chocolat.

Das deutsche «… auch nicht» entspricht dem französischen … **non plus**.
Man verwendet es mit der starken Form des Personalpronomens.
   Ich habe keinen Hunger. – Ich **auch nicht**.   Je n'ai pas faim. – Moi **non plus**.

Viele Sprachen – viele Möglichkeiten: Verneinung

In den verschiedenen Sprachen drückt man die Verneinung unterschiedlich aus.

	+	−
Deutsch	Ich spreche Deutsch.	Ich spreche nicht Deutsch.
Français Französisch	Je parle français.	Je ne parle pas français.
English Englisch	I speak English.	I don't speak English.
Italiano Italienisch	Parlo italiano.	Non parlo italiano.
Rumantsch grischun Rätoromanisch	Jau discur rumantsch.	Jau na discur betg rumantsch.
Español Spanisch	Hablo español.	No hablo español.
Português Portugiesisch	Eu falo Português.	Eu não falo Português.
Việt Vietnamesisch	Tôi no'i tiê'ng Viêt.	Tôi không no'i tiê'ng Viêt.
Shqip Albanisch	Unë flas shqip.	Unë nuk flas shqip.
Türkçe Türkisch	Ben Türkçe biliyorum.	Ben Türkçe bilmiyorum.
српски Serbisch **Srpski**	Ја говорим српски. Ja govorim srpski.	Ја не говорим српски. Ja ne govorim srpski.
Hrvatski Kroatisch	Govorim Hrvatski.	Ne govorim Hrvatski.

Nein, non, no, niet!

Die Verneinung beginnt in den meisten Sprachen mit **n-**.

Und wie ist es mit «ja»?

Verneinungswörter

Einige Sprachen brauchen für die Verneinung zwei Wörter, andere nur eines. Wieder andere integrieren die Verneinung direkt in ein bestehendes Wort.

Findest du Beispiele dafür?

Satzende

Im Deutschen muss man manchmal lange warten, bis man weiss, dass der Satz eine Negation ist: «Heute verrate ich meiner besten Freundin die Wahrheit um das jahrelang gut gehütete Geheimnis meines Bruders **nicht**.»

Satzanfang

Bei manchen Sprachen weiss man bereits beim ersten Wort des Satzes, dass es sich um eine Verneinung handelt.

In welchen Sprachen beginnt der verneinte Satz mit dem Verneinungswort?

Frageformen
Formes de question

D'abord, c'est un fond bleu. Est-ce peut-être le ciel?
Sur ce fond dansent des formes colorées.
S'agit-il de clowns ou de fous du roi avec des bonnets à clochettes?
Plusieurs de ces formes ont quatre pattes. Des animaux peut-être?
Certaines formes font penser à des oiseaux, d'autres à des poissons ou à des papillons.
Mais ce pourrait être aussi des bactéries, des microbes mille fois agrandiset observés au microscope.
C'est un monde de rêves?
«Bleu de ciel est un monde inconnu», nous dit le peintre.

Bleu de ciel — Vassily Kandinsky (1940)

Im Französischen gibt es drei Möglichkeiten, eine Frage zu stellen.
» **Intonationsfrage**
» **Frage mit** *est-ce que*
» **Inversionsfrage**

Die **Intonationsfrage** entsteht durch eine stärkere Betonung des Satzendes. Man verwendet sie häufig in der mündlichen Sprache.
    Tu vois le clown?   Siehst du den Clown?

Die **Frage mit** *est-ce que* entsteht durch das Voranstellen von **est-ce que**…
    Est-ce que tu vois le clown?   Siehst du den Clown?

Die **Inversionsfrage** entsteht wie im Deutschen, wenn das Verb vor dem Subjekt steht. Verb und Subjekt verbindet man mit einem Bindestrich.
    Vois-tu le clown?   Siehst du den Clown?

Bei Verben auf *-er* und beim Verb **avoir** fügt man bei der Inversionsfrage vor **il**, **elle** und **on** ein **-t** ein.
    Pense-**t**-elle à des oiseaux?   Denkt sie an Vögel?
    A-**t**-il peint des animaux?   Hat er Tiere gemalt?

Im Gegensatz zum Deutschen kann man im Französischen eine Inversionsfrage nur bilden, wenn das Subjekt ein Personalpronomen ist.
    Sagt **er**, dass es ein Traum ist?   Dit-**il** que c'est un rêve?

Ist das Subjekt kein Personalpronomen, so muss man zusätzlich zum Subjekt ein Personalpronomen einfügen.
    Sagt **der Maler**, dass es ein Traum ist?   **Le peintre** dit-**il** que c'est un rêve?

Fragewörter
Mots interrogatifs

C'est un mirage?

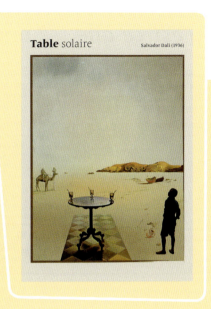

Où se déroule cette scène? Sur la plage? Dans le désert? Dans un café? Chez Salvador Dalí?

Au premier plan, un petit garçon observe la scène.
Il n'a pas d'ombre. On a l'impression qu'il est découpé dans une feuille de papier. Qui est ce garçon?

Ce décor ressemble à un rêve.

Les bateaux, par exemple, sont tout à fait normaux, mais ils apparaissent dans un désert.

Dalí a peint la plage proche de sa maison, la table du café de son village, le sol de sa cuisine. Mais tous ensemble, ces éléments forment un paysage étrange.

D'où vient ce chameau?

S'est-il échappé du paquet de cigarettes près de l'enfant?

qui	wer, wen
que	was
quoi	was

où	wo, wohin
d'où	woher
quand	wann
pourquoi	warum
comment	wie
combien	wie viel

**Mit Fragewörtern und Fragepronomen kann man eine Frage bilden.
Man kann sie mit allen drei Frageformen verwenden.**

23, 90

In der Regel stehen Fragewörter wie im Deutschen am Anfang des Satzes.

Où se déroule cette scène?   **Wo** spielt diese Szene?
D'où est-ce qu'il vient?   **Woher** kommt er?
Pourquoi a-t-il peint ce garçon?   **Warum** hat er diesen Jungen gemalt?

Im Gegensatz zum Deutschen können die Fragewörter bei der Intonationsfrage vor allem in der mündlichen Sprache auch am Ende des Satzes stehen.

Wohin gehst du?   Tu vas **où**?
Was machst du?   Tu fais **quoi**?
Wann kommt er?   Il vient **quand**?

Qu'est-ce que…? und Qu'est-ce qui…?

Objekt	
Qu'est-ce que…?	Was…?
Subjekt	
Qu'est-ce qui…?	Was…?

Qu'est-ce que…? **und** *qu'est-ce qui…?* **bedeuten «Was…?».**
In der indirekten Aussage heisst «was» *ce que* **oder** *ce qui.*
Ob man *…qui* **oder** *…que* **verwendet, hängt von der Funktion von «was» im Satz ab.**

29, 92

Wenn «Was…?» das **Objekt** des Satzes ist, verwendet man *qu'est-ce que…?*
    Qu'est-ce que tu fais?   **Was** machst du?

Wenn «Was…?» das **Subjekt** des Satzes ist, verwendet man *qu'est-ce qui…?*
    Qu'est-ce qui se passe?   **Was** ist los?

C'est… qui und c'est… que

La poussette
C'est William Kent qui a inventé la poussette en 1733 pour les enfants du troisième duc de Devonshire. Il était architecte au jardin d'Angleterre et il a fabriqué sa poussette en forme de coquille. Il a même ajouté des ressorts: quel confort!

Les lunettes
C'est au 13e siècle, en Italie, que des lentilles optiques sont utilisées. Au début, il n'y a qu'un seul verre. Puis les verres sont assemblés deux par deux et simplement posés sur le nez.

> **C'est … qui** («es ist… der, die, das») und **c'est … que** («es ist… den, die, das») heben ein Element des Satzes besonders hervor.

Die Strukturen **c'est… qui** und **c'est… que** gibt es im Deutschen nicht. Wenn man ein Element hervorheben will, setzt man es beispielsweise an den Anfang des Satzes.

C'est… qui hebt das Subjekt des Satzes hervor.
   C'est William Kent qui a inventé la poussette.   **William Kent** hat den Kinderwagen erfunden.

C'est… que hebt das Objekt des Satzes hervor.
   C'est la poussette que William Kent a inventée.   **Den Kinderwagen** hat William Kent erfunden.

C'est… qui und **c'est… que** kann man auch mit den starken Formen der Personalpronomen verwenden.
   C'est elle qui a raison.   **Sie** hat Recht. / **Sie ist es**, die Recht hat.
   C'est lui que je rencontre.   **Ihn** treffe ich. / **Er ist es**, den ich treffe.

Indirekte Aussage
Style indirect

Un père en colère demande à son fils:
«Maintenant tu vas m'expliquer pourquoi tu as toujours de si mauvaises notes!
– Mais, papa, parce que ce n'est pas moi qui les mets!»

Papa demande à David s'il veut qu'il l'aide à faire ses devoirs. David répond: Non, merci papa, je préfère me tromper tout seul!

«Maîtresse, c'est bien vrai qu'on ne peut pas être puni pour une chose qu'on n'a pas faite?
– Evidemment, ce serait injuste sinon.
– Ouf! J'avais peur de vous dire que je n'avais pas fait mes devoirs!»

85, 89

> Wenn man berichtet, was jemand sagt, fragt oder denkt, verwendet man den *style indirect*.
> Die indirekte Rede leitet man mit *que* («dass») ein.
> Die indirekte Frage leitet man mit einem Fragewort oder mit *si* («ob») ein.

Il dit **qu'**il n'a pas fait ses devoirs.	Er sagt, **dass** er seine Aufgaben nicht gemacht habe.
Papa demande **si** David veut de l'aide.	Papa fragt, **ob** David Hilfe wolle.
Il demande **pourquoi** il a une mauvaise note.	Er fragt, **warum** er eine schlechte Note habe.

Steht das einleitende Verb zum **style indirect** im Präsens (z. B. **il dit…**), bleiben die Zeitformen im Nebensatz gleich wie im **style direct**.

Style direct	Style indirect
Présent	Présent
Il dit: «Je **fais** les devoirs.»	Il dit qu'il **fait** les devoirs.
Er sagt: «Ich mache die Aufgaben.»	Er sagt, dass er die Aufgaben mache.

Steht das einleitende Verb zum **style indirect** in der Vergangenheit (z. B. **il a dit…**), verändern sich die Zeitformen im Nebensatz.

Style direct	Style indirect
Présent	Imparfait
Il a dit: «Je **fais** les devoirs.»	Il a dit qu'il **faisait** les devoirs.
Futur	Conditionnel
Il a dit: «Je **ferai** les devoirs.»	Il a dit qu'il **ferait** les devoirs.
Passé composé	Plus-que-parfait
Il a dit: «**J'ai fait** les devoirs.»	Il a dit qu'il **avait fait** les devoirs.

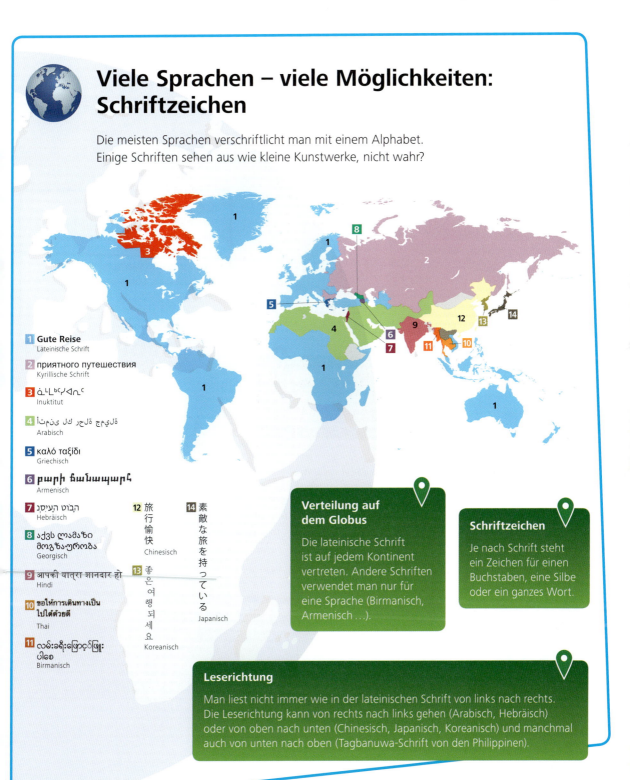

Viele Sprachen – viele Möglichkeiten: Lateinisches Alphabet

Das lateinische Alphabet wurde auf zahlreiche Sprachen übertragen und ist das am weitesten verbreitete Alphabet der Welt. Es enthält 26 Buchstaben.

Am häufigsten gebrauchte Buchstaben

Die 5 häufigsten Buchstaben für Deutsch sind E, I, S, N, R.

In Französisch sind es E, I, S, T, A und in Englisch E, N, T, A, O.

Aussprache
Je nach Sprache spricht man die Buchstaben unterschiedlich aus. Zum Beispiel «E»:
» Deutsch: «e» wie *er*
» Französisch: «ö» wie *je* (= ich)
» Englisch: «i» wie *he* (= er)

Wie unterschiedlich klingt «U»?

Von 23 auf 26 Buchstaben

Im Mittelalter wurden I und J noch nicht unterschieden. V verwendete man für U und W.

	A	B	C	D	E	F	G	H	I	J	K	L	M	N	O	P	Q	R	S	T	U	V	W	X	Y	Z
Lateinisches Alphabet	A	B	C	D	E	F	G	H	I	J	K	L	M	N	O	P	Q	R	S	T	U	V	W	X	Y	Z
Latinum Latein	A	B	C	D	E	F	G	H	I			L	M	N	O	P	Q	R	S	T		V		X		
Deutsch	A	B	C	D	E	F	G	H	I	J	K	L	M	N	O	P	Q	R	S	T	U	V	W	X	Y	Z
Sonderzeichen: Ä, Ö, Ü, ß																									
Français Französisch	A	B	C	D	E	F	G	H	I	J	K	L	M	N	O	P	Q	R	S	T	U	V	W	X	Y	Z
Sonderzeichen: À, Â, Ç, É, È, Ê, Ë, Î, Ï, Œ, Ô, Û, Ü, Ÿ																									
English Englisch	A	B	C	D	E	F	G	H	I	J	K	L	M	N	O	P	Q	R	S	T	U	V	W	X	Y	Z
Italiano Italienisch	A	B	C	D	E	F	G	H	I			L	M	N	O	P	Q	R	S	T	U	V				Z
Sonderzeichen: À, È, É, Ì, Ò, Ù																									
Português Portugiesisch	A	B	C	D	E	F	G	H	I	J	K	L	M	N	O	P	Q	R	S	T	U	V	W	X	Y	Z
Sonderzeichen: À, Á, Â, Ã, Ç, É, Ê, Í Ó, Ô, Õ, Ú, Ü																									
Español Spanisch	A	B	C	D	E	F	G	H	I	J	K	L	M	N	O	P	Q	R	S	T	U	V	W	X	Y	Z
Sonderzeichen: Á, É, Í, Ñ, Ó, Ú, Ü																									

Aussprache und Orthografie 95

Gross- und Kleinbuchstaben

Die Römer kannten nur Grossbuchstaben. Die Kleinbuchstaben gibt es erst seit dem Frühmittelalter (ca. 500–1050).

Sonderzeichen

Die modernen Sprachen übernahmen unterschiedlich viele Buchstaben aus dem lateinischen Alphabet und fügten oft Sonderzeichen wie zum Beispiel *ç*, *ë* oder *å* hinzu.

Welche Sprache hat am meisten Sonderzeichen?

Hawaiianisch

Hawaiianisch kommt mit erstaunlich wenigen Schriftzeichen aus.

Wie viele sind es?

Rumantsch grischun Rätoromanisch	A	B	C	D	E	F	G	H	I	J		L	M	N	O	P	Q	R	S	T	U	V		X		Z
Shqip Albanisch	A	B	C	D	E	F	G	H	I	J	K	L	M	N	O	P	Q	R	S	T	U	V		X	Y	Z
	Sonderzeichen: Ç, Ë																									
Bosanski Bosnisch	A	B	C	D	E	F	G	H	I	J	K	L	M	N	O	P		R	S	T	U	V				Z
	Sonderzeichen: Ć, Č, Đ, Ö, Š, Ü, Ž																									
Hrvatski Kroatisch	A	B	C	D	E	F	G	H	I	J	K	L	M	N	O	P		R	S	T	U	V				Z
	Sonderzeichen: Ć, Č, Đ Š, Ž																									
Türkçe Türkisch	A	B	C	D	E	F	G	H	I	J	K	L	M	N	O	P		R	S	T	U	V			Y	Z
	Sonderzeichen: Â, Ç, Ğ, İ, I, Ö, Ş, Ü																									
Việt Vietnamesisch	A	B	C	D			G	H	I		K	L	M	N	O	P	Q	R	S	T	U	V		X	Y	
	Sonderzeichen: À, Â, Ả, È, Ế, Ì, Ò, Ô, Ơ, Ù, Ư, Ỳ; Ả, Ẩ, Ẳ, Ẻ, Ể, Ỉ, Ỏ, Ổ, Ở, Ủ, Ử, Ỷ; Ã, Ẫ, Ẵ, Ẽ, Ễ, Ĩ, Õ, Ỗ, Ỡ, Ũ, Ữ, Ỹ; Á, Ấ, Ắ, É, Ế, Í, Ó, Ố, Ớ, Ú, Ứ, Ý; Ạ, Ậ, Ặ, Ẹ, Ệ, Ị, Ọ, Ộ, Ợ, Ụ, Ự																									
Swensk Schwedisch	A	B	C	D	E	F	G	H	I	J	K	L	M	N	O	P	Q	R	S	T	U	V	W	X	Y	Z
	Sonderzeichen: Ö, Ä, Å																									
Hawai'i Hawaiianisch	A				E			H	I		K	L	M	N	O	P					U		W			
	Sonderzeichen: '																									

Aussprache und Orthografie
Prononciation et orthographe

Im Französischen spricht man bestimmte Buchstaben anders aus als im Deutschen. Wie in anderen Sprachen kann sich ihre Aussprache verändern, je nachdem, von welchen Buchstaben sie in einem Wort umgeben sind.

Wenn zwei Vokale aufeinandertreffen, kürzt man den ersten Vokal durch einen Apostroph, um die Aussprache zu erleichtern.

l'arbre (le + arbre)	der Baum	j'ai (je + ai)	ich habe
d'où? (de + où)	woher?	n'oublie pas (ne + oublie)	vergiss nicht
c'est (ce + est)	das ist	s'amuser (se + amuser)	sich amüsieren

In der Regel verwendet man auch einen Apostroph, wenn ein Vokal und ein **h-** aufeinandertreffen, da man das **h-** im Französischen nicht ausspricht.
Als Ausnahme gelten Wörter, die mit einem **h- aspiré** beginnen. Man hört zwar kein **h-**, aber die Verbindung zwischen den Wörtern wird verhindert.

h:	l'hôtel, l'hélicoptère	das Hotel, der Helikopter
h- aspiré:	les | haricots, ton | hobby	die Bohnen, dein Hobby

Den letzten Buchstaben eines Wortes spricht man häufig nicht aus. Man spricht den Konsonanten aus, wenn er vor einem Wort steht, das mit einem Vokal beginnt (***liaison***).

les‿hôtels, mon‿amour, nous‿avons, trop‿important, sont‿-elles

Aussprache und Orthografie

Das Französische enthält zusätzlich zu den 26 Buchstaben des lateinischen Alphabets einige Sonderzeichen.

Wenn man **e** durch einen **accent aigu** (**é**) oder einen **accent grave** (**è**) ergänzt, verändert sich seine Aussprache.
   Del**é**mont, Gen**è**ve

Wenn der **accent grave** bei **a** (**à**) oder **u** (**ù**) steht, verändert sich die Aussprache nicht.
Aber bei gleich klingenden Wörtern bestimmt man damit die Bedeutung.
   o**ù**?, ou   wo?, oder   **à** Bienne, on **a**   in Biel, man hat

Bei **a** (**â**), **e** (**ê**), **o** (**ô**) und **u** (**û**) kann auch ein **accent circonflexe** stehen.
In der Regel verändert sich die Aussprache dadurch nicht.
   Ch**â**teau-d'Œx, For**ê**t, La C**ô**te-aux-Fées

Accent circonflexe
Der **accent circonflexe** verweist oft auf eine frühere Form des Wortes mit dem Buchstaben **s**, den man in anderen Sprachen noch häufig hört:

ch**â**teau   c**as**tle (Englisch), c**as**tello (Italienisch), c**as**telo (Portugiesisch), c**as**tillo (Spanisch),
Schloss   k**as**teel (Holländisch), c**as**tel (Rumänisch)
for**ê**t   for**es**t (Englisch), for**es**ta (Italienisch), flor**es**ta (Portugiesisch)
Wald
c**ô**te   Küste (Deutsch), co**as**t (Englisch), k**us**t (Holländisch), c**os**ta (Italienisch), c**os**ta (Spanisch),
Küste   c**os**ta (Portugiesisch)

Grundsätzlich schreibt man im Französischen alles klein. Nur Namen und einige wenige andere Wörter schreibt man gross.

Die Aussprache von **c** und **g** verändert sich vor **i** und **e**. Damit der Verbstamm in allen Personalformen gleich ausgesprochen wird, fügt man bei Bedarf ein **ç (c cédille)** oder ein zusätzliches **e** ein.

   commen**cer**:   nous commen**ç**ons   je commen**ç**ais   anfangen: wir fangen an   ich fing an
   man**ger**:   nous man**geo**ns   je man**gea**is   essen: wir essen   ich ass

Ein **ç** verwendet man auch, wenn man **cela** zu **ça** verkürzt.
   Ça va?   Wie geht**'s**?

Über die Schreibweise zur Information
Durch die Schreibweise eines Wortes kann man Informationen geben und erhalten.
Oft hört man die Bedeutungsunterschiede nicht, aber man kann sie sehen.
» Ein **-s** am Nomen deutet an, dass es sich um die Pluralform handelt.
   Man sieht es, aber man hört es nicht:
      ami, ami**s**   Freund, Freunde
» Die Endungen **-er**, **-é**, **-ez** geben die Verbform an. Man sieht den Unterschied, aber man hört ihn nicht:
      aim**er**, aim**é**, (vous) aim**ez**   lieben, geliebt, (ihr) liebt

Viele Sprachen – viele Möglichkeiten: Laute

Jede Sprache verfügt über Laute, die es in anderen nicht gibt. Welche Sprachen erkennst du an ihrem Klang?

Häufige Laute
Die Häufigkeit der Verwendung bestimmter Laute ist ein wesentliches Merkmal von Sprachen. So tauchen beispielsweise im Finnischen die Laute «a» und «i» besonders oft auf.

Suomi
Finnisch

kukko: der Hahn

Kuts kukko kylpemään,
Kana vettä, kantamaan,
Kissa lattiaa lakaisemaan,
Hiiri vihtoja hautomaan,
Kärpänen löylyä
heittämään, Sirkka päätä
pesemään.

Türkçe
Türkisch

tilki: der Fuchs

Tilki'yi tuttuk
Kapana koyduk
Ava gidiyoruz
Çatlasan da patlasan
da konuşmuyoruz.

ஆடு: die Ziege

ஆட்டுக் குட்டி எந்தன் குட்டி
அருமையான சின்னக் குட்டி
ஓட்டம் ஓடி வந்துவாய்
எனக்கு ஒரு முத்தம் தந்திடுவாய்

Tamil

English
Englisch

the dog: der Hund

русский
Russisch

Медведь: der Bär

Я медведя поймал!
так веди сюда!
не идёт.
так сам иди!
да он меня не пускает

Hey diddle diddle,
The cat and the fiddle,
The cow jumped over the moon
The little dog laughed
To see such sport,
And the dish ran away
with the spoon.

Aussprache und Orthografie

lepur: der Hase

Shqip
Albanisch

Lepur, lepur çka t'kam thënë
Mos me hy më në tërshënë
Se e kam një qen të keq-e
E ti shkul ato musteqe.
Ham, ham, ham-ham-ham.

cá: der Fisch

Việt
Vietnamesisch

Cá tre, cá rô
Chạy vô cho lẹ
Cá đâu có dại
Cá chạy ra ngoài

الأسد: der Löwe

العربية
Arabisch

في يوم من الأيام كان الأسد نائما بدأ الفأر في اللعب عند الأسد وفجأة استيقظ الأسد وكان غاضب وفتح فمه يريد ان يأكل الفأر لانه من عجه وعندها بدأ الفأر يبكي ويتوسل من الأسد لكي لا يأكله وقال الفأر اغفر لي هذا المرة ولم انسه لطفك ان لن تأكلني وربما يمكن ان اساعدك يوم من الأيام، وترك الأسد الفأر يذهب وعفا عنه وفي يوم من الأيام كان الصيادين في الغابه وشاهدو هذا الأسد واصطادوه وربطوه في الغابه بجانب شجره وفي نفس الوقت كان الفأر يلعب في الغابه وشاهد الأسد مقيد في الحبال وذهب الفأر مسرع في مساعدة الأسد وأكل الحبال لكي يحرر الأسد ومن ثم كان الأسد حر طليق وكان ساعيدا جدا لأن الفأر ساعده الحكمه:اصدقاء صغار يمكن أن يفعلو اشياء كبيره.

rotte: die Ratte

Norsk
Norwegisch

En og to, gikk ut i sko.
Tre og fire, spilte på lire.
Fem og seks, spiste en kjeks.
Sju og åtte, sprang for en rotte.
Ni og ti, slo eng og li.
Elleve tolv, datt i koll.

o pato: die Ente

Português
Portugiesisch

Pata aqui
pata ali
Filha do rei
A guardar patos
Foi coisa
que nunca vi.

la poule: das Huhn

Français
Französisch

J'ai des poules à vendre,
Des noires et des blanches;
J'en ai tout plein mon grenier,
Elles descendent les escaliers,
Quatre, quatre pour un sou,
Mademoiselle, mademoiselle;
Quatre, quatre pour un sou,
Mademoiselle en voulez-vous?

рода (roda): der Storch

српски
Serbisch

Е во нам рода долеће,
носи нам славно пролеће;
пролеће, дете малено
дели нам цвеће Шарено
Веселе птице благују,
сви се на свету радују.
Благујте, птице, благујте!
Радујте с', децо, радујте!

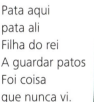

Angaben zu den Seiten «Viele Sprachen – viele Möglichkeiten»

Seite 13: Nomen

Kein Artikel

In einigen Sprachen sind die Informationen zu Geschlecht und Zahl im Nomen enthalten. Sie haben keinen Artikel.

Welche Sprachen funktionieren so?

Artikel

In der Tabelle haben die Sprachen Albanisch, Türkisch und Serbisch keinen Artikel. Auch im Bosnischen, Russischen, Finnischen, Persischen, Slowenischen, in Hindi und in vielen anderen Sprachen sind die Informationen im Nomen enthalten, so dass sie keinen Artikel brauchen.

Geschlecht

Im Serbischen und im Albanischen gibt es wie im Deutschen drei verschiedene Geschlechter (*der, die, das*).

Wie viele sind es in den anderen Sprachen?

Geschlecht

Die Sprachen in der Tabelle haben unterschiedlich viele Geschlechter.
» Serbisch, Albanisch, Deutsch: 3 (m, f, n)
» Französisch, Italienisch, Spanisch, Portugiesisch: 2 (m, f)
» Englisch, Türkisch: –

Endungen von Nomen

Wie enden die meisten maskulinen und femininen Nomen im Italienischen, Spanischen und Portugiesischen?

Endungen von Nomen

Die meisten maskulinen Nomen enden im Italienischen, im Spanischen und im Portugiesischen im Singular auf **-o**.
   il cavallo, el caballo, o cavalo

Die meisten femininen Nomen enden im Italienischen, im Spanischen und im Portugiesischen im Singular auf **-a**.
   la mucca, la vaca, a vaca

Angaben zu «Viele Sprachen – viele Möglichkeiten»

Plural
Italienisch

In der Tabelle erkennt man zwei verschiedene Pluralformen des Italienischen:

-*o*, -*e* werden zu -*i*:
il top*o*, i top*i*
il can*e*, i can*i*

-*a* wird zu -*e*:
la mucc*a*, le mucc*e*

Plural
Deutsch

In der Tabelle erkennt man eine Pluralendung des Deutschen:
-*e*, ¨-*e*: die Maus, die Mäus*e*

Es gibt auch andere Pluralendungen im Deutschen:
-*n*, -*en*: die Katze, die Katz*en*
-*r*, ¨-*er*: das Huhn, die Hühn*er*
-*s*: der Kolibri, die Kolibri*s*
- : das Hündchen, die Hündchen

Plural

Den Plural drückt man in Französisch, Englisch, Spanisch und Portugiesisch durch die Endung -*s* am Nomen aus.

Was kannst du über den Plural in anderen Sprachen herausfinden?

Plural
Türkisch

In der Tabelle erkennt man zwei Pluralformen für das Türkische:
-*ler*: fare, fare*ler*
-*lar*: at, at*lar*

Plural
Albanisch

Es gibt viele Pluralformen im Albanischen. Geläufige Endungen sind -*ë*, -*a*, -*e*.

Der bestimmte Artikel -*t*- scheint ebenfalls in der Pluralendung auf:
qeni, qen*të*
lopa, lop*ët*

Plural
Serbisch

In der Tabelle erkennt man verschiedene Pluralendungen für das Serbische. Nach der Grundregel verändern sich die Endungen der Nomen je nach Geschlecht unterschiedlich:

» feminine Nomen enden im Plural auf *e*, (-*e*):
крав*а*, крав*е* (krav*a*, krav*e*)

» maskuline Nomen enden im Plural auf -*и* (-*i*):
коњ, коњ*и* (konj, konj*i*)

» einsilbige maskuline Nomen ergänzt man mit der Silbe -*ев*- (-*ev*-) oder -*ов*- (-*ov*-):
миш, миш*еви* (miš, miš*evi*), кер, кер*ови* (ker, ker*ovi*)

Seite 21: Zugehörigkeit

Mon, mio, mi, my...
Slawische Sprachen

In den slawischen Sprachen (Bosnisch, Kroatisch, Serbisch...) beginnt der Possessivbegleiter der 3. Person oft mit einem **n**-:

njegov / njezin, његов / њен...

Mon, mio, mi, my...
Romanische Sprachen

In den romanischen Sprachen (Französisch, Italienisch, Spanisch, Rätoromanisch...) beginnt der Possessivbegleiter der 3. Person oft mit einem **s**-:

son, ses, suo, su...

Mon, mio, mi, my...

Der Possessivbegleiter der 1. Person Singular beginnt in vielen Sprachen mit einem **m**-.

Und wie ist es in der 3. Person Singular?

Mon, mio, mi, my...
Germanische Sprachen

In den germanischen Sprachen (Englisch, Norwegisch, Schwedisch, Isländisch...) und auch im Finnischen beginnt der Possessivbegleiter der 3. Person oft mit einem **h**-:

his/her, hans/hennes, hans/hennar, hänen...

Stellung des Possessivbegleiters

Bei den meisten Sprachen steht der Begleiter vor dem Nomen. Er kann sich aber auch nach dem Nomen befinden oder darin enthalten sein.

Welche Sprachen platzieren ihn nicht vor dem Nomen?

Stellung des Possessivbegleiters

Im Albanischen, Isländischen und manchmal auch im Portugiesischen steht der Possessivbegleiter hinter dem Nomen.

Im Türkischen wird der Ausdruck der Zugehörigkeit direkt ans Nomen angehängt.

Angaben zu «Viele Sprachen – viele Möglichkeiten» **103**

Sy Hund / ire Hund – son chien

Romanische Sprachen

In den romanischen Sprachen (Französisch, Italienisch, Spanisch, Rätoromanisch...) spielt es meistens keine Rolle, ob es sich um eine Besitzerin oder einen Besitzer handelt. Diese Sprachen haben einen Possessivbegleiter für die 3. Person Singular:

son-son, *ses-ses*, *il suo-il suo*, *su-su*...

Im Portugiesischen kann man mit **dele** und **dela** ausdrücken, ob etwas zu einer Frau oder zu einem Mann gehört.

Sy Hund / ire Hund – son chien

In einigen Sprachen unterscheiden sich die Possessivbegleiter in der 3. Person Singular, je nachdem, ob es eine Besitzerin oder ein Besitzer ist.

In welchen Sprachen spielt es keine Rolle?

Sy Hund / ire Hund – son chien

Germanische Sprachen

In den germanischen Sprachen (Englisch, (Schweizer-)Deutsch, Norwegisch, Schwedisch, Isländisch...) und in den slawischen Sprachen (Bosnisch, Kroatisch, Serbisch, Mazedonisch...) lässt sich mit dem Possessivbegleiter ausdrücken, ob es sich um eine Besitzerin oder um einen Besitzer handelt. Es gibt zwei verschiedene Possessivbegleiter für die 3. Person Singular:

his-her, *sy-ire*, **hans-hennes**, **hans-hennar**,
njegov-njezin, његов-њен, неговото-нејзиното...

Seite 37: Personalpronomen

Mit Personalpronomen
Deutsch

In der Tabelle klingen die deutschen Formen der 3. Person Singular und der 2. Person Plural gleich (*er, sie, es, man* oder *ihr* «*kommt*») und diejenigen der 1. und 3. Person Plural (*wir, sie oder Sie* «*kommen*»).

Mit Personalpronomen
Englisch

Im Englischen klingen alle Formen gleich, ausser die 3. Person Singular (*I, you, we, you, they* «*come*»).

Mit Personalpronomen

In Sprachen wie dem Englischen, Französischen und Deutschen sind die Verbformen einander ähnlich. Man braucht in der Regel das Personalpronomen, um sie voneinander zu unterscheiden.

Welche Verbformen klingen gleich?

Mit Personalpronomen
Französisch

Im Französischen klingen alle drei Verbformen des Präsens Singular gleich (*je, tu, il, elle, on* «*viens, vient*»). Bei Verben auf **-er** klingt auch die 3. Person Plural gleich (*je, tu, il, elle, on, ils, elles* «*chante, chantes, chantent*»).

Maskuline und feminine Formen

Im Spanischen gibt es für alle Personen ausser bei *yo* und *tú* eine maskuline und eine feminine Form.

Und in den anderen Sprachen?

Maskuline und feminine Formen

Im Vergleich zum Spanischen haben andere Sprachen weniger Personalpronomen, weil sie nicht mit dem Personalpronomen angeben, ob es sich um eine Frau oder einen Mann handelt. Die restlichen Sprachen aus der Tabelle unterscheiden für die folgenden Personen zwischen maskulin und feminin:
» Französisch, Albanisch, Portugiesisch: 3. Person Singular + 3. Person Plural
» Deutsch, Englisch, Italienisch: 3. Person Singular
» Türkisch: Keine Unterscheidung

Angaben zu «Viele Sprachen – viele Möglichkeiten»

Seiten 50–51: Zahlen

Romanische Zahlnamen

Französische und portugiesische Zahlnamen sind einander ähnlich.

Kennst du auch Zahlen auf Spanisch oder Italienisch?

Italiano
Italienisch

1	uno
2	due
3	tre
4	quattro
5	cinque
6	sei
7	sette
8	otto
9	nove
10	dieci
11	undici
12	dodici
16	sedici
20	venti
25	venticinque
30	trenta
31	trentuno
65	sessantacinque
70	settanta
80	ottanta
90	novanta
100	cento

Español
Spanisch

1	un
2	dos
3	tres
4	cuatro
5	cinco
6	seis
7	siete
8	ocho
9	nueve
10	diez
11	once
12	doce
16	diez y seis
20	veinte
25	veinticinco
30	treinta
31	treinta y uno
65	sesenta y cinco
70	setenta
80	ochenta
90	noventa
100	cien

Germanische Zahlnamen

Schwedische und englische Zahlnamen sind einander ähnlich.

An welche anderen Sprachen erinnern sie dich?

Germanische Zahlnamen

Vielleicht erinnern dich die schwedischen und englischen Zahlnahmen an weitere germanische Sprachen, wie zum Beispiel an das Deutsche.

» Englisch: one two three
» Schwedisch: en/ett två tre
» Deutsch: eins zwei drei
» Niederländisch: één twe drie
» Norwegisch: en/ett to tre
» …

Seiten 50–51: Zahlen

Français
Französisch

23	vingt-trois
32	trente-deux
86	quatre-vingt-six
99	nonante-neuf

Português
Portugiesisch

23	vinte e três
32	trinta e dois
86	oitenta e seis
99	noventa e nove

Zahlen bilden

Wenn man die Einer- und die Zehnerzahlen einer Sprache kennt, kann man mit etwas Glück und Tüftelei die meisten anderen Zahlen von 10 bis 100 erraten.

Schaffst du das für 23, 32, 86 oder 99?

Svensk
Schwedisch

23	tjugotre
32	trettiotvå
86	trettiotvå
99	nittionio

Türkçe
Türkisch

23	yirmi üç
32	otuz iki
86	seksen altı
99	doksan dokuz

Shqip
Albanisch

23	njëzet e trë
32	tridhjetë e dy
86	tetëdhjetë e gjashtë
99	nëntëdhjete e nëntë

العربية
Arabisch

23	ثلاثه وعشرون
32	اثنان و ثلاثون
86	ستة وثمانون
99	تسعة وتسعون

English
Englisch

23	twenty-three
32	thirty-two
86	eighty-six
99	ninety-nine

Suomi
Finnisch

23	kaksikymmentäkolme
32	kolmekymmentäkaksi
86	kahdeksankymmentäkuusi
99	yhdeksänkymmentäyhdeksän

Angaben zu «Viele Sprachen – viele Möglichkeiten» **107**

Seite 54: Zeiten

Vergangenheit — Passé | **Gegenwart** — Présent | **Zukunft** — Futur

Anzahl Zeitformen

Wie erzählst du auf Schweizerdeutsch ein Ereignis in der Vergangenheit?

Wie erzählt man wohl auf Finnisch ein Ereignis in der Zukunft?

Anzahl Zeitformen
Schweizerdeutsch

Im Schweizerdeutschen gibt es nur eine Vergangenheitsform: das Perfekt. Trotzdem kann man ein Ereignis in der Vergangenheit genau schildern, wenn man präzise Zeitangaben verwendet («vorgeschter»), verschiedene Ereignisse zueinander in Beziehung setzt («vorhär – nachhär») und wenn man sich bewusst auf die Chronologie achtet («zersch, när, am Schluss»).

Anzahl Zeitformen
Finnisch

Um im Finnischen ein Ereignis in der Zukunft zu schildern, verwendet man das Präsens. Man zeigt durch Zeitangaben (morgen, nächste Woche), dass das Ereignis in der Zukunft stattfindet.

Seite 83: Satzbau

Duyamıyorum

Welche Informationen enthält das türkische Wort «duyamıyorum»?

Duyamıyorum

Das Wort *duyamıyorum* lässt sich in 4 Teile gliedern:
- » **duya** ist der verbale Teil. Es bedeutet «hören».
- » **m** ist die Negation. Es bedeutet «nicht».
- » **ıyor** ist die Zeitform. Es zeigt, dass jemand im Präsens spricht.
- » **um** ist die Personalform. Es zeigt, dass jemand in der 1. Person Singular spricht.

Subjekt

Mit welchem Satzglied beginnt der Satz in den meisten Sprachen?

Wie ist es in der Inuit-Sprache?

Subjekt

Alle Sätze in der Tabelle beginnen mit dem Subjekt. In Inuktitut steht das Subjekt am Satzende.

Anzahl Wörter

Je nach Sprache hängt man bestimmte Informationen direkt an ein Wort oder man drückt sie mit separaten Wörtern aus.

So enthalten Sätze mit denselben Informationen in verschiedenen Sprachen unterschiedlich viele Wörter.

Wie viele sind es für die Sprachen in der Tabelle?

Anzahl Wörter

Albanisch: 7 Wörter
Vietnamesisch, Französisch, Deutsch: 6 Wörter
Englisch: 5 Wörter
Türkisch: 4 Wörter
Inuktitut: 1 Wort

Objekte D/F

«Je le dis **à un** copain **de mon** frère.»
«Ich sage es **einem** Freund **meines** Bruder**s**.»

Die Informationen «wem» und «wessen» kann man durch Präpositionen oder Endungen am Begleiter und am Nomen ausdrücken.

Wie ist es im Französischen und im Deutschen?

Objekte D/F

Im Französischen gibt man die Informationen zu «wem» und «wessen» durch Präpositionen an (**à** oder **de**). Im Deutschen verändert sich die Endung des Begleiters und/oder des Nomens.

Angaben zu «Viele Sprachen – viele Möglichkeiten»

Seite 87: Verneinung

Nein, **n**on, **n**o, **n**iet!

Die Verneinung beginnt in den meisten Sprachen mit **n**-.

Und wie ist es mit «ja»?

Nein, **n**on, **n**o, **n**iet!

Für die Sprachen in der Tabelle lautet «ja» so:
- » Französisch: *Oui.*
- » Englisch: *Yes.*
- » Italienisch: *Sí.*
- » Rätoromanisch: *Schi.*
- » Spanisch: *Sí.*
- » Portugiesisch: *Sim.*
- » Vietnamesisch: *Có.*
- » Albanisch: *Po.*
- » Türkisch: *Evet.*
- » Serbisch: *Да.* (*Da.*)
- » Kroatisch: *Da.*

Verneinungswörter

Einige Sprachen brauchen für die Verneinung zwei Wörter, andere nur eines. Wieder andere integrieren die Verneinung direkt in ein bestehendes Wort.

Findest du Beispiele dafür?

Verneinungswörter

Die Sprachen in der Tabelle zeigen verschiedene Arten, einen Satz zu verneinen:
- » 2 Wörter für die Verneinung:
  Französisch, Rätoromanisch
- » 1 Wort für die Verneinung:
  Deutsch, Englisch, Italienisch, Spanisch, Portugiesisch, Vietnamesisch, Albanisch, Serbisch, Kroatisch
- » Die Verneinung ist in ein bestehendes Wort integriert:
  Türkisch

Satzanfang

Bei manchen Sprachen weiss man bereits beim ersten Wort des Satzes, dass es sich um eine Verneinung handelt.

In welchen Sprachen beginnt der verneinte Satz mit dem Verneinungswort?

Satzanfang

In der Tabelle gibt es Sprachen, in denen ein verneinter Satz mit dem Verneinungswort beginnt: Italienisch, Spanisch und Kroatisch. In einigen Sprachen wie im Portugiesischen und im Serbischen kann man das Personalpronomen weglassen. Dann beginnt der Satz ebenfalls mit der Verneinung.

Seiten 94–95: Lateinisches Alphabet

Sonderzeichen

Die modernen Sprachen übernahmen unterschiedlich viele Buchstaben aus dem lateinischen Alphabet und fügten oft Sonderzeichen wie zum Beispiel ç, ë oder å hinzu.

Welche Sprache hat am meisten Sonderzeichen?

Sonderzeichen

In der Tabelle ist die Sprache mit den meisten Sonderzeichen das Vietnamesische mit knapp 60 Sonderzeichen.

Im Französischen und im Portugiesischen sind es mehr als 10 Sonderzeichen.

Hawaiianisch

Im Hawaiianischen gibt es 12 Buchstaben und 1 Sonderzeichen.

Hawaiianisch

Hawaiianisch kommt mit erstaunlich wenigen Schriftzeichen aus.

Wie viele sind es?

Aussprache

Je nach Sprache spricht man die Buchstaben unterschiedlich aus. Zum Beispiel «E»:
» Deutsch: «e» wie *er*
» Französisch: «ö» wie *je* (= ich)
» Englisch: «i» wie *he* (= er)

Wie unterschiedlich klingt «U»?

Aussprache

«U» könnte in den drei Sprachen zum Beispiel so klingen:
» Deutsch: «u» wie **Urs**
» Französisch: «ü» wie **jus** (= Saft)
» Englisch: «a» wie **sun** (= Sonne)

Register

Im Register findest du Stichwörter, die in der **mini-grammaire** vorkommen.[1] Bei mehreren Seitenangaben weist die fett gedruckte Zahl auf das Hauptkapitel. Grün ausgezeichnete Seitenzahlen verweisen auf eine Seite «Viele Sprachen – viele Möglichkeiten».

A	
à	
» Aussprache und Orthografie	97
» Präpositionen	46, 47
» Verschmelzung des bestimmten Artikels mit *à* oder *de*	12
à condition que	78
accent (aigu, grave, circonflexe)	97
adhésif/-ve	39
adjectif → s. Adjektiv	
adjectif démonstratif	16
adjectif indéfini	24
adjectif interrogatif	22
adjectif possessif	18
Adjektiv	
» Adverb und Adjektiv	45
» Grundregel der Anpassung	38
» Sonderfälle der Anpassung: m f	39
» Sonderfälle der Anpassung: m pl	40
» Spezialfälle der Anpassung	41
Adverb	42, 43, **44**, 45
aimer: j'aime, tu aimes…	11, **57**
Akkusativobjekt → s. *complément d'objet direct (COD)*	
Aktiv, Passiv	81
Akzent → s. *accent*	
alle, alles	25, **26**, **27**

aller	
» *je vais, tu vas…*	61
» *j'irai…*	74
» Nahe Zukunft	75
» *que j'aille*	79
alors	44
Alphabet	93, 94, **97**
ancien/-ne	39
Apostroph	96
apparemment	44
après (que)	
» Adverb	44
» Konjunktionen	85
» Präpositionen	46
article partitif	14
artificiel/-le	39
Artikel	
» bestimmter	**11**, 12, 13, 14, 19, 26, 27, 43
» partitiver (Teilungsartikel)	14
» unbestimmter	10
assez (de)	
» Adverb	44
» *de partitif*	15
» *au, à la, à l', aux*	12
aucun, aucune	
» Indefinitbegleiter	24
» Indefinitpronomen	25
» Verneinung	86
aujourd'hui	44
Aussage (Indirekte Aussage)	92

[1] Die Begriffe sind grundsätzlich in deutscher Sprache aufgeführt. Französische Begriffe stehen, wenn sie im Französischen geläufiger sind als im Deutschen, wenn sie sich stark von der deutschen Entsprechung unterscheiden oder wenn es dazu ein eigenes Kapitel gibt. Einzelne deutsche Wörter, die beim Übertragen in die französische Sprache Schwierigkeiten bereiten, sind ebenfalls aufgeführt.

Aussageweise	
» *conditionnel*	76, 77
» Imperativ	80
» *subjonctif*	78, 79
aussi... que...	42
Aussprache	95, **96**, **97**
autant de... que...	42
autre	38
auxiliaire → s. Hilfsverb	
avant (que)	
» Adverb	44
» Konjunktionen	78, **85**
» Präpositionen	46
avoir	
» *j'ai, tu as...*	61
» *j'ai eu*	67
» *j'aurai*	74
» *que j'aie*	79
» *aie, ayez*	80
» *ayant*	64
» Hilfsverb	61, 67, 68, 69, 76

B	
bas/-se	39, 40
beau/bel/belle, beaux/belles	40, 41
beaucoup (de)	
» Adverb	44
» *de partitif*	15
Bedingung	70, **77**
Begleiter	
» Artikel, bestimmter	**11**, 12, 13, 14, 19, 26, 27, 43
» Artikel, unbestimmter	10
» Demonstrativbegleiter	16
» Indefinitbegleiter	**24**, 26, 27
» Interrogativbegleiter	22
» Possessivbegleiter	**18**, 20, 21, 43
Besitzobjekt	**20**, 21
bien	42, 43, **44**, 45
bien que	78, **85**
blanc/blanche	41
boire: j'ai bu	67
bon/-ne	38, **39**, 42, 43, 45
Buchstabe	93, 94, 95, **96**, **97**

C	
c cédille	97
c'est... qui, c'est... que	91
ça	**17**, 97
car	85
ce qui, ce que	27, **29**, 90
ce, cet, cette, ces	16
ceci, cela	17
celui, celle, ce, ceux, celles	17
certainement	44
certains, certaines	
» Indefinitbegleiter	24
» Indefinitpronomen	25
chacun, chacune	25
chaque	24
choisir	
» *je choisis, tu choisis...*	58
» *j'ai choisi*	66
COD → s. *complément d'objet direct (COD)*	
COI → s. *complément d'objet indirect (COI)*	
combien	89
comme	85
commencer: nous commençons, je commençais	97
comment	89
complément d'objet direct (COD)	28, 34, 36, 67, 81, **82**
complément d'objet indirect (COI)	35, 36, **82**
complet/-ète	38, **39**
conditionnel	**76**, 77, 92
connaître: j'ai connu	67
construire: j'ai construit	66
cool	41
courir: j'ai couru	66
couvrir: je couvre, tu couvres...	58

D

d'où	89

dass
- » Indirekte Aussage — 92
- » Konjunktionen — 85
- » subjonctif — 78

Dativobjekt → s. *complément d'objet indirect (COI)*

de
- » de partitif — 15
- » Präpositionen — 46, 47
- » Teilungsartikel — 14
- » Verneinung — 86
- » Verschmelzung des bestimmten Artikels mit *à* oder *de* — 12

de partitif	15
demain	44
Demonstrativbegleiter	16
Demonstrativpronomen	17
dernier/-ère	38, **39**
derrière	44, 46

des
- » Artikel, unbestimmter — 10
- » Teilungsartikel — 14
- » Verschmelzung des bestimmten Artikels mit *à* oder *de* — 12

devant	44, 46
devoir: je dois, tu dois…	60

dire
- » je dis, tu dis… — 59
- » j'ai dit — 66

donc	85
dont	28
dormir: je dors, tu dors…	58
doux/douce	41
du, de la, de l', des	12, **14**

E

écouter: écoute, écoutez	80

écrire
- » j'écris, tu écris… — 59
- » j'ai écrit — 65

égal/-e, égaux/égales	40
einstämmig	56
Einzahl → s. Singular	
elle, elles	**32**, 33, 37

en
- » gérondif — 64
- » Präpositionen — **46**, 47
- » Pronomen — 25, **30**, 80

enfin	44
énormément	45
ensemble	44
entièrement	45
environ	44
espérer	57
est-ce que	88
et	85

être
- » je suis, tu es… — 61
- » j'ai été — 67
- » je serai — 74
- » être en train de — 63
- » que je sois — 79
- » sois, soyez — 80
- » étant — 64
- » Hilfsverb — 61, 62, 67, 68, 69, 76, 81

eux	**32**

F

faire
- » je fais, tu fais… — 59
- » je ferai — 74
- » que je fasse — 79

faux/fausse	41
feminin	**8**, 10, 11, 13, 16, 37, 38, 39, 41, 45, 67
finir: je finis, tu finis…	56
fou/folle	41
Frage	22, 23, 86, **88**, 89, 92
Frageformen	88, 89

Fragepronomen
- » Fragewörter — 89
- » Interrogativpronomen — 12, **23**

Fragewörter	89

frais/fraîche	41
Futur	53, 54, 73, **74**, 92
futur composé	53, 54, 61, 73, **75**
futur simple	53, 54, 73, **74**, 76

G

Gegenwart	53, 54, **56**, 57, 58, 59, 60, 61, 62, 63, 64
génial/-e, géniaux/géniales	40
Genitivobjekt	28
gentil/-le	39
gérondif	53, 54, **64**
Geschlecht	**8**, 13
grand/-e	38
gros/-se	39
Grundform → s. Infinitiv	
Grundzahlen	**48**, 49, 50, 51

H

h- aspiré	96
Handlungsrichtung	81
Hauptsatz	78, **84**, 85
heureux/-se	39, 40
Hilfsverb	61, 62, 66, 67, 68, 69, 75, 76, 81

I

ici	44
il y a	**31**, 33
il, ils	**33**, 37
imparfait → s. Präteritum	
Imperativ	32, 62, **80**
Imperfekt → s. Präteritum	
Indefinitbegleiter	**24**, 26, 27
Indefinitpronomen	**25**, 27

Indikativ	79, 85
Indirekte Aussage	92
Infinitiv	34, 35, 55, 56, 57, 62, 63, 64, 66, 70, 72, 74, 75, 76, 86
Infinitivsatz	84
Interrogativbegleiter	22
Interrogativpronomen	12, **23**
Intonationsfrage	**88**, 89
Inversionsfrage	86, **88**

J

jaloux/-se	39, 40
jamais (de) » Adverb » *de partitif* » Verneinung	44 15 86
je	**33**, 37
jeter: je jette, tu jettes…	57
jusqu'à ce que	78

K

kein → s. *pas de*	
Komma	84
Komparativ	42
Konditionalsatz → s. *conditionnel*	
Konjugationsarten	**55**, 66
Konjunktionen	78, 84, **85**
Konjunktiv II → s. *conditionnel*	
Konsonant	96
Kontrahierte Präpositionen → s. Verschmelzung des bestimmten Artikels mit *à* oder *de*	

L

là	44
Laute	98, 99
le mien, le tien, le sien…	**19**, 20

le moins…, la moins…, les moins…	43
le plus…, la plus…, les plus…	43
le, la, l', les	
» Artikel, bestimmter	**11**, 12, 13, 14, 26, 43
» Personalpronomen	**34**, 36
léger/-ère	39
lequel, laquelle, lesquels, lesquelles	
» Interrogativpronomen	12, **23**
» Relativpronomen	12, **28**
liaison	33, **96**
lire: je lis, tu lis…	56
loin (de)	
» Adverb	44
» Präposition	46
long/longue	41
lui	**32**, 35

M

mais	85
mal	42, **44**, 45
manger: nous mangeons, je mangeais	97
männlich → s. maskulin	
marron	41
maskulin	**8**, 10, 11, 13, 37, 38, 39, 40, 41, 45, 47, 67
mauvais	**42**, 43, 45
me, te, le, la…	**34**, 36
me, te, lui…	**35**, 36
me, te, se…	34, **62**, 68
Mehrzahl → s. Plural	
meilleur/meilleure	42
même(s)	32
mener: je mène, tu mènes…	57
Mengen- und Massangaben	14, **15**, 47
mentir	58
mettre	
» je mets, tu mets…	59
» j'ai mis	67
(le) mien, (le) tien, (le) sien…	**19,** 20

mieux	42
mise en relief → s. c'est… qui, c'est… que	
moi	**32**, 80
moins… que…	42
moins de… que…	42
mon, ton, son…	**18**, 20, 21, 43

N

Nahe Zukunft → futur composé	
naturel/-le	39
ne…	15, 24, 25, **86**, 87
Nebensatz	28, 78, **84**, 85, 92
négation → s. Verneinung	
neutrales Pronomen	33
nicht → s. ne…	
Nomen	
» Geschlecht	**8**, 13
» Zahl	**9**, 13
nous	**32**, **33**, 34, 35, 36, 37
nouveau/-el/-elle, nouveaux/nouvelles	40, **41**

O

offrir	
» j'offre, tu offres…	58
» j'ai offert	66
on	**33,** 37
Ordnungszahlen	49
original/-e, originaux/originales	40
Orthografie	96, 97
ou	**85**, 97
où	
» Aussprache und Orthografie	97
» Fragewörter	89
» Indirekte Aussage	92
ouvrir	
» j'ouvre, tu ouvres…	58
» j'ai ouvert	66

P

Parallelwort	8
parce que	85
pareil/-le	39
participe passé → s. Partizip Perfekt	
participe présent	64
partir	
» *je pars, tu pars…*	58
» *je suis parti/-e*	66, 67, 68
Partizip Perfekt	**66**, 67, 68, 69, 76, 81
pas (de)	15, **86**, 87
pas grand-chose	25
pas un seul, pas une seule	24
passé composé	52, 54, 61, 62, 65, 66, 67, **68**, 69, 71, 92
passé récent	52, 54, **72**
passé simple	52, 54, **72**
Passiv	81
Perfekt → *passé composé*	54
Personalpronomen	
» schwache Formen: *COD*	**34**, 36,
» schwache Formen: *COI*	**35**, 36
» schwache Formen: *sujet*	32, **33**, 37, 88
» starke Formen	**32**, 42, 80, 91
» Stellung der Pronomen	36
personne	
» Indefinitpronomen	25
» Verneinung	86
petit/-e	38
peu	44
peut-être	44
pire	42
pis	42
Plural	**9**, 10, 11, 13, 26, 27, 38, 40, 67
plus (de)	15
plus (de)… que…	42
plus-que-parfait	52, 54, 61, 65, 66, 67, **69**, 77, 92
plusieurs	
» Indefinitbegleiter	24
» Indefinitpronomen	25
Plusquamperfekt → *plus-que-parfait*	
plutôt	44
Possessivbegleiter	**18**, 20, 21, 43
Possessivpronomen	**19**, 20
pour que	78, 79, **85**
pourquoi	89
pouvoir	
» *je peux, tu peux…*	60
» *j'ai pu*	67
» *je pourrai*	74
» *que je puisse*	79
Präpositionen	**46**, 47
Präsens	52, 54, **55**, 56, 57, 58, 59, 60, 61, 62, 63, 64, 70, 77, 92
Präteritum	52, 54, 65, **70**, 72, 77
préférer: je préfère, tu préfères…	57
premier/-ère	8, 38, **39**
prendre	
» *je prends, tu prends…*	59
» *j'ai pris*	67
près	44
présent → s. Präsens	
présent progressif	53, 54, 61, **63**
Pronomen	
» Demonstrativpronomen	17
» Indefinitpronomen	**25**, 27
» Interrogativpronomen	12, **23**
» Possessivpronomen	**19**, 20
» Relativpronomen	12, **28**
» neutrales Pronomen	33
proposition principale → s. Hauptsatz	
proposition subordonnée → s. Nebensatz	

Q

qu'est-ce que…?, qu'est-ce qui…?	90
quand	
» Fragewörter	89
» Konjunktion	85

que	
» Fragewörter	89
» Indirekte Aussage	92
» Interrogativpronomen	23
» Konjunktionen	85
» Relativpronomen	28
» *subjonctif*	78
quel, quelle, quels, quelles	22
quelque chose	25
quelques	24
quelqu'un, quelques-uns, quelques-unes	25
qui	
» Fragewörter	89
» Interrogativpronomen	23
» Relativpronomen	28
quoi	
» Fragewörter	89
» Interrogativpronomen	23

R

radical → s. Stamm	
Rechtschreibung → s. Orthografie	
Reflexive Verben	32, 34, **62**, 68
regarder: je regarde, tu regardes…	56
Relativpronomen	12, **28**
Relativsatz	**28**, 29
répéter	57
rêveur/-se	39
rien	
» Adverb	44
» Indefinitpronomen	25
» Verneinung	86
rire	
» *je ris, tu ris…*	59
» *j'ai ri*	67

S

s'appeler: je m'appelle, tu t'appelles…	57
sans que	78
Satzglieder	82

savoir	
» *je sais, tu sais…*	60
» *j'ai su*	67
» *je saurai*	74
» *que je sache*	79
» *sachant*	64
» *sache, sachez*	80
Schrift	**93**, 94, 95
se	36, **62**, 68
se lever: je me lève, tu te lèves…	57
sentir: je sens, tu sens…	58
servir: je sers, tu sers…	58
si	
» *conditionnel* («wenn», «falls»)	77
» Indirekte Aussage («ob»)	92
» Konjunktionen («wenn», «falls», «ob»)	85
Singular	**9**, 10, 11, 13, 21, 26, 27, 40, 59, 67
son, sa, ses…	18, **20**, 21, 43
sortir	58, 68
sportif/-ve	39
Stamm	**56**, 57, 58, 59, 60, 64, 67, 70, 74, 76 79
Steigerung → s. Komparativ	
style indirect → s. Indirekte Aussage	
Subjekt	28, 29, 33, 64, 67, 68, 81, **82**, 83, 84, 86, 88, 90, 91
subjonctif	**78**, **79**, 85
sujet → s. Subjekt	
Superlativ	42, **43**

T

Teilungsartikel	14
tenir	58
toi	32
toujours	44
tout à fait	44
tout ce qui, tout ce que	29
tout le, toute la, tous les, toutes les	26
tout, tous, toutes	27

très	43, **44**
trop (de)	**15,** 43
tu	33, 37

U

un, une	10
un certain, une certaine	24
un peu (de)	15
unpersönliche Verben	33

V

venir	
» *je viens, tu viens…*	37, **58**
» *je suis venu/-e*	66
» *je viendrai*	74
» *passé récent*	72
Verb	
» unpersönliche Verben	33
» unregelmässige Verben *être, avoir* und *aller*	**61,** 79
» Verben auf *-er*	55, 56, **57**, 66, 67, 72, 74, 76, 79, 80
» Verben auf *-ir*	55, 56, **58**, 66, 67, 72, 79, 80
» Verben auf *-re*	55, 56, **59**, 66, 67, 72, 74, 76, 79, 80
» Verben auf *-oir*	55, 56, **60**, 66, 67, 72, 79, 80
verbes pronominaux → s. Reflexive Verben	
Vergangenheit	52, 54, **65**, 66, 67, 68, 69, 70, 71, 72, 92
Vergleichspartikel	42
Verneinung	15, 24, 25, 34, 35, 44, **86**, 87
Verneinungswörter	34, 35, **86**, 87
Verschmelzung des bestimmten Artikels mit *à* oder *de*	12
vieux/vieil/vieille, vieux/vieilles	41
vite	44
voir	
» *je vois, tu vois…*	60
» *j'ai vu*	66
» *je verrai*	74

voix active, voix passive	81
Vokal	11, 15, 16, 18, 33, 34, 35, 41, 45, 57, 62, 86, **96**
volontiers	44
vouloir:	
» *je veux, tu veux…*	60
» *j'ai voulu*	66
» *que je veuille*	79
vous	**32, 33**, 34, 35, 36, 37
vrai/-e	38, 45
vraiment	**44**, 45

W

was	
» *ce qui, ce que*	27, **29**
» Fragewörter	89
» Interrogativpronomen	23
» *qu'est-ce que…?, qu'est-ce qui…?*	90
weiblich → s. feminin	
wenn	
» *conditionnel*	77
» Konjunktionen	85
» Präteritum	70
wer/wen	
» *ce qui, ce que*	29
» Fragewörter	89
» Interrogativpronomen	23
» Satzbau	82

Y

y	**31**, 80

Z

Zahlen	**48**, 49, 50, 51
Zeitangaben	33, **44**, 46, 47
Zeiten	**52**, 54, 81
Zeitformen	**52**, 54, 56, 61, **65**, 72, **73**, 92
Zeitstrahl	**52**, 54
Zukunft	52, 53, 54, **73**, 74, 75
zweistämmig	56, 57

Bild- und Quellennachweis

Zum Aufbau der Grammatikseiten
» Seite 5 Mitte: Titeuf, le sens de la vie, tome 12, par Zep © Éditions Glénat 2008; Titeuf, L'Amour, c'est pô propre…, tome 2, par Zep © Éditions Glénat 1993

Nomen
» Seite 8 oben: Mon Album de Copains et de Copines, © 2004 Calligram
» Seite 9 oben (Text): © Jacques Charpentreau, La Ville enchantée. L'école, Paris, 1976

Nomenbegleiter und Pronomen
Artikel
» Seite 10, 11 oben: Eggermann/Kleeb, Das Buchstabenmonster, Copyright © 2000 Atlantis, ein Imprint der Orell Füssli AG, Zürich
» Seite 12 (Partitur + Liedtext): On ira, Musik + Text: Soltani, Volovitch, Becue, Tryss, © Sony/ATV Music Publishing France Sas/Play On 91/Because Editions/Soltana Music; (Foto): Damien/www.flickr.com
» Seite 14 oben: Collège Colette de Satrouville
» Seite 15 oben links (Text): © Bayard Presse - Okapi N° 790 – Lucie Tourette, 15.10.2005; (Foto): Jan Ramroth/www.flickr.com; oben rechts (Text): Wapiti no 269 / Anh Hoa Truong/Août 2009/© Milan Presse; (Foto): © Jean-François Noblet, Biosphoto; Mitte links: La Nuit, texte par Bishop, illustration par Matthieu Blanchin, © Editions Nathan, 2001

Demonstrativ
» Seite 17 Mitte oben: © Mon Quotidien: 365 dates historiques et amusantes, éditions Play Bac; oben rechts (Text + Illustration): 100 % jeux pour la récré, © Éditions Lito, F-Champigny-sur-marne

Possessiv
» Seite 18 oben links: Titeuf, le sens de la vie, tome 12, par Zep © Éditions Glénat 2008; Titeuf, L'Amour, c'est pô propre…, tome 2, par Zep © Éditions Glénat 1993
» Seite 19 oben: les PROFS, Tome 2, loto et colles, © 2001 BAMBOO ÉDITION
» Seite 20 oben links (Text): © Bayard Presse - Okapi N° 790 – Lucie Tourette, 15.10.2005; (Foto): Sharmzpad/www.flickr.com; oben rechts (Text): © Bayard Presse – Okapi N° 790 - Lucie Tourette, 15.10.2005, (Foto): Jan Ramroth/www.flickr.com
» Seite 21 oben (Fotos): www.thinkstock.com

Interrogativ
» Seite 22 oben: frei nach Crimes et indices, 24 coupables à découvrir
» Seite 23 oben: Les blagues de toto 4, © 2006 Guy Delcourt Productions

Indefinit
» Seite 24 oben (Text): La nuit, Bishop, © Nathan Jeunesse; oben (Foto): www.thinkstock.com
» Seite 25 oben links (Text): La nuit, Bishop, © Nathan Jeunesse; oben (Foto): www.thinkstock.com
» Seite 26 oben links (Liedtext): «JE VEUX VIVRE» Musik und Text: Palud, Eric / Dirat, Jeremy / Michau, Marion / Costa, Julien, © 2002 by Warner Chappell France SA, mit freundlicher Genehmigung der Edition Chappell S.A.R.L – a Warner/Chappell Music Company, oben rechts (Foto): www.thinkstock.com
» Seite 27 oben: Collège Colette de Satrouville

Relativ
» Seite 28 oben links: 500 blagues pour enfants, Vol. 2, Editions ESI; Mitte oben: Le petit livre des meilleures histoires drôles pour les enfants, Le cherche midi éditeur; oben (Foto): www.thinkstock.com
» Seite 29: Mon Album de Copains et de Copines, © 2004 Calligram

Die Pronomen en/y
» Seite 30 oben: Illustration: Albertine, Marta et la bicyclette, © Editions La Joie de Lire S.A., Genève
» Seite 31 oben (Text): Petites Histoires de Chef-d'œuvre, Alain Korkos, © Editions de la Martinière Jeunesse, 2011; (Bild): La Bibliothèque AM 1993–46; Inv. D99637P, Vieira da Silva (1908–1992), © ADAGP Localisation: Nantes, musée des Beaux-Arts, Photo © RMN-Grand Palais/Gérard Blot; Maria Helena Vieira da Silva, Biblioteca, 1966, © 2016, ProLitteris, Zurich

Personalpronomen
» Seite 32 oben: Titeuf, tchô, monde cruel, tome 6, par Zep © Éditions Glénat 1997
» Seite 33 (Liedtext): LE ROI, Paroles & Musique: Georges Brassens, © 1972 Universal Music Publishing (catalogue Editions Musicales 57); (Foto): www.thinkstock.com
» Seite 34 oben links (Text): Livre des inventions, www.livre.inventeur.info; (Foto) www.thinkstock.com; oben rechts (Text): Images Doc, Les Grandes inventions, © Bayard Editions, 2010; (Foto): Graham Lees/www.flickr.com

» Seite 35 oben links (Text): Inventions et découvertes de Pierre Kolher, © FLEURUS EDITIONS; oben rechts: Mon quotidien: 365 dates historiques et amusantes, Éditions Play Bac
» Seite 36 oben links (Foto): Bert Kaufmann/www.flickr.com
» Seite 37 Mitte rechts (Foto): Martin Fisch/www.flickr.com

Adjektiv
Anpassung
» Seite 38 oben (Bild): Julian Baum/Keystone
» Seite 39 oben (Text): Luc IHADDADENE, © Bayard Jeunesse, OKAPI No 940 d'août 2012; (Bild): © Bayard Jeunesse, OKAPI No 940 d'août 2012
» Seite 40 oben (Text): Inventions et découvertes de Pierre Kolher, © FLEURUS EDITIONS
» Seite 41 oben links (Foto): blickwinkel/McPHOTO; oben rechts (Foto): KEYSTONE/LEHTIKUVA / Vesa Moilanen

Komparativ
» Seite 42 oben (Fotos): www.thinkstock.com

Superlativ
» Seite 43 Mitte (Foto): Neil Turner/www.flickr.com

Adverb
» Seite 44 (Foto): www.flickr.com
» Seite 45 oben (L'ordinateur): Text: Inventions et découvertes (coll. Encyclopédie des 6/9 ans), © Larousse, 2006; (Les lunettes): Foto: Bernhard Lux/www.thinkstock.com; (Les Lego): Text: Inventions et découvertes de Pierre Kolher, © FLEURUS EDITIONS; (Foto): Michael Wirth

Präpositionen
» Seite 46 oben (Text): Le monde fou, fou, fou de Dalí, © 2004 Éditions Palette; (Bild): Salvador Dalí, Table solaire, 2938 (MK), Museum Boijmans Van Beuningen, Rotterdam, Photographer: Studio Tromp, Rotterdam, © Salvador Dalí, Fundació Gala-Salvador Dalí / 2016, ProLitteris, Zurich
» Seite 47 (Foto): Davidpc_/www.flickr.com

Zahlen
» Seite 48 oben rechts (Foto): www.thinkstock.com
» Seite 51 oben rechts (Foto): Mark Morgan/www.flickr.com

Verb

Zeitformen für die Gegenwart
» Seite 58 oben rechts (Liedtext): Méfie-toi, Têtes Raides Fabulous Troubadours, V.F. Musiques; (Foto Hintergrund): Rodrigo Soldon/www.flickr.com
» Seite 59 (Liedtext + Partitur): Christophe Maé, Pourquoi c'est beau ça?, mit freundlicher Genehmigung der WARNER MUSIC Group Germany Holding GmbH. A Warner Music Group Company (LC: 14666); oben (Foto Hintergrund): Johannes Rost/ www.flickr.com; oben rechts (Foto): Kmeron/www.flickr.com
» Seite 60 (Liedtext + Partitur): YELLOW RIVER (franz. Version: L'Amérique), T. + M.: Jeff Christie, © 1969 byGale Music, mit freundlicher Genehmigung von Melodie der Welt, Musikverlag, Frankfurt/Main für Deutschland, Österreich, Schweiz
» Seite 61 (Liedtext + Partitur): «RUE DES ETOILES», Interprété par Grégoire, écrit et composé par Grégoire Boissenot Éditions Bamago – My Major Company Editions – Niluprod © 2008 My Major Company, avec l'aimable autorisation de My Major Company; oben rechts (Foto): www.gregoire.fm, myspace.com/justegregoire
» Seite 62 oben: Zap Collège, Premières classes, tome 1, par Tehem © Éditions Glénat 2002
» Seite 63 oben: L'élève Ducobu: 280 de Q.I.!, © LE LOMBARD, 2006, by Godri, Zidrou. All rights reserved

Zeitformen für die Vergangenheit
» Seite 67 oben links (Foto): Nik Morris/ www.flickr.com
» Seite 68 oben (Foto Hintergrund): Matthias Ripp/www.flickr.com
» Seite 69 oben (Liedtext + Partitur): Christophe, Aline, Francis Dreyfus Music/BMG; Hintergrund (Foto): www.thinkstock.com
» Seite 71 oben (Foto): Tobias Moser/ www.flickr.com
» Seite 72 oben links: Titeuf, tchô, monde cruel, tome 6, par Zep © Éditions Glénat 1997; Mitte rechts (Text): © Fleurus Editions, «Voyages dans le système solaire», collection «Voir les sciences», Anne Willemez, Laure Salès; (Foto): © NASA

Zeitformen für die Zukunft
» Seite 74 oben (Liedtext + Partitur): Paroles & Musique: Jean-Jacques GOLDMAN, © 1997, J R G; Hintergrund (Foto): www.thinkstock.com
» Seite 75 oben rechts: Kiki et Aliène, Illustration: Nicolas Hubesch, Astrapi no 719, 1er janvier 2010, © Bayard Presse; links: Kiki et Aliène, Illustration: Nicolas Hubesch, Astrapi no 747, 1er avril 2011, © Bayard Presse; Mitte: les PROFS, Tome 2, loto et colles, © 2001 BAMBOO ÉDITION

Aussageweisen
» Seite 76 oben (Liedtext + Partitur): Teeyah, Je donnerais tout, Section Zouk; Hintergrund (Foto): www.thinkstock.com
» Seite 77 oben (Text): http://borzuat.ecolevs.ch; (Foto): www.thinkstock.com
» Seite 78 oben: les PROFS, Tome 7, mise en examen, © 2005 BAMBOO ÉDITION
» Seite 79 oben (Liedtext + Partitur): Christophe, Aline, Francis Dreyfus Music/BMG; Hintergrund (Foto): www.thinkstock.com
» Seite 80 oben: Philippe Nessmann collection Kezaco, © MANGO

Handlungsrichtung
» Seite 81 oben von links nach rechts: Julian Baum/Keystone; Massachusetts Institute of Technology M.I.T.; Julian Baum/ Keystone; © Freie Universität Berlin

Satz

Satzglieder
» Seite 82 oben: Illustration: Albertine, Marta et la bicyclette, © Editions La Joie de Lire S.A., Genève

Satzbau
» Seite 85 oben rechts (Foto): www.flickr.com

Negation
» Seite 86 Mitte oben (Text): «Le premier voyage de Christoph Colomb» de Michel Piquemal, 17 pièces humoristiques pour l'école (2002), © Editions Magnard

Fragen
» Seite 88 oben links (Text): Petites histoires de Chefs-d'œuvre, Alain Korkos, © Éditions de La Martinière Jeunesse, 2011; oben rechts (Bild): Vassily Kandinsky, Bleu de ciel 1940, Huile sur toile, 100 x 73 cm, © Centre Pompidou, MNAM-CCI, Dist. RMN-Grand Palais/Philippe Migeat
» Seite 89 oben links (Text): Le monde fou, fou, fou de Dalí, © 2004 Éditions Palette; oben rechts (Bild): Salvador Dalí, Table solaire, 2938 (MK), Museum Boijmans Van Beuningen, Rotterdam, Photographer: Studio Tromp, Rotterdam; © Salvador Dalí, Fundació Gala-Salvador Dalí/2016, ProLitteris, Zurich
» Seite 90 oben links: L'élève Ducobu, Premier de la classe, © LES ÉDITIONS DU LOMBARD (DARGAU-LOMBARD), 2008 by Godi & Zidrou; Mitte rechts: Titeuf, mes meilleurs copains, tome 11, par Zep © Éditions Glénat 2006

» Seite 91 oben rechts (Foto): Bernhard Lux/ www.thinkstock.com

Indirekte Aussage
» Seite 92 oben (Foto): www.thinkstock.com

Aussprache und Orthografie
» Seite 94 + 95 Hintergrund (Foto): www.thinkstock.com
» Seite 96 oben (Karte): Julien Lovey; oben von links nach Mitte rechts (Fotos): Christophe Dayer; Gwendoline Lovey; Tobrouk/www.flickr.com; Jura Tourisme; Eric Toriel; Cristian Bortes/www.flickr.com; Scott Wylie; Peter Gorges/www.flickr.com; (Foto Hintergrund): Kosala Bandara
» Seite 98 von Mitte links nach unten rechts (Fotos): www.thinkstock.com; Cloudtail/ www.flickr.com; Tailsandfur/ www.flickr.com; Doug Brown/ www.flickr.com; Alex Balan/flickr.com; (Textausschnitte): Silvia Hüsler, in: Kinderverse aus vielen Ländern, © 2004 Lambertus-Verlag, Freiburg im Breisgau
» Seite 99 von oben links nach unten rechts (Fotos): Robert Taylor/www.flickr.com; Russelstreet/www.flickr.com; Tambako/ www.flickr.com; Jean-Jacques Boujot/ www.flickr.com; Spatz_2011/www.flickr.com; Bavarianschuxn/www.flickr.com; Tambako/www.flickr.com; (Textausschnitte): Silvia Hüsler, in: Kinderverse aus vielen Ländern, © 2004 Lambertus-Verlag, Freiburg im Breisgau

Angaben zu «Viele Sprachen – viele Möglichkeiten»
» Seite 102 oben rechts (Foto): www.thinkstock.com
» Seite 103 Mitte rechts (Foto): www.thinkstock.com
» Seite 104 oben rechts (Foto): Martin Fisch/www.flickr.com
» Seite 105 oben rechts (Foto): Korry Benneth/www.flickr.com; Mark Morgan/www.flickr.com

Nicht in allen Fällen war es dem Verlag möglich, den Rechteinhaber ausfindig zu machen. Berechtigte Ansprüche werden im Rahmen der üblichen Vereinbarungen abgegolten.